El dominio de las tablas de multiplicar

Edición española

I0164928

El dominio de las tablas de multiplicar

Christine R. Draper

© achieve2day, Slough, 2014

ISBN: 978-1909986053

Acerca de las tablas de multiplicar

La multiplicación es la adición de grupos. Por ejemplo, 3 x 6 significa tres grupos de seis. Por tanto, multiplicar es lo mismo que sumar repetidamente. Así que 3 x 6 es igual a sumar tres seis veces.

Si tuviera tres cestas de seis manzanas y quisiera averiguar el total, podría sumar tres manzanas seis veces, o podría multiplicar tres por seis. Por tanto, la multiplicación es simplemente una manera de sumar un número varias veces.

3 x 6 son tres lotes de seis

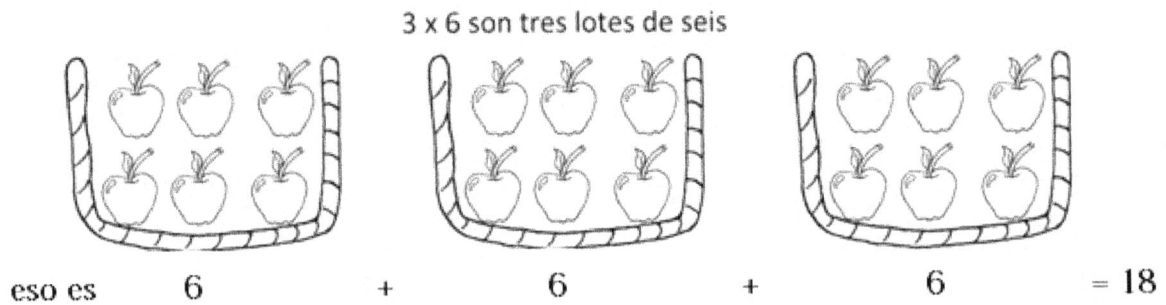

eso es   6   +   6   +   6   = 18

En la multiplicación no importa el orden de los números, la respuesta siempre será la misma. Así 3 x 6 es lo mismo que 6 x 3. Esto es útil ya que significa que sólo tenemos que aprender 66 cuentas de las tablas de multiplicar.

Así que si tengo 3 cestas de 6 manzanas o 6 cestas de 3 manzanas tengo el mismo número de manzanas.

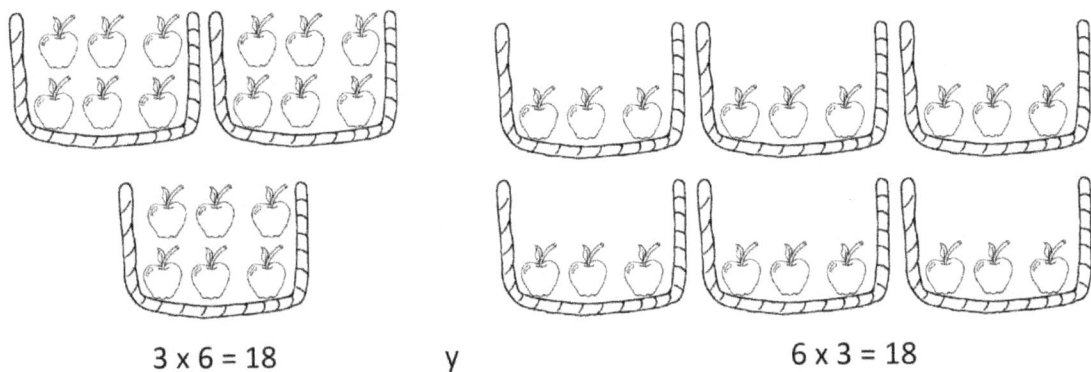

3 x 6 = 18   y   6 x 3 = 18

Dividir es como compartir. Indica cuántos grupos pueden hacerse. Así, 18 ÷ 6 significa cuántos grupos de seis hay en 18. Mientras que la multiplicación es la suma repetida, la división es la resta repetida.

Así que si tengo dieciocho manzanas y tengo que colocarlas en grupos de seis, es lo mismo que 18 ÷ 6.

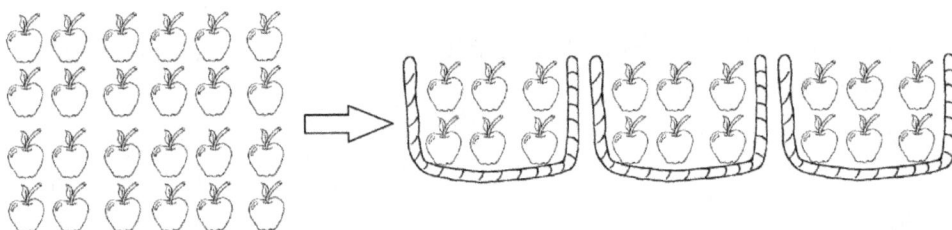

Sin embargo, al contrario que en la multiplicación, sí que importa el orden en que están los números.

Aprender las tablas de multiplicar

Hay varias maneras de aprender las tablas de multiplicar y cada persona es diferente. Así que tienes que usar el método que te funcione mejor a ti. Sin embargo, después de aprenderlas debes ser capaz de responder rápidamente cualquier pregunta sobre tablas de multiplicar. Estos dos principios definen la estructura de este libro:

1. Tiene que ser posible responder las tablas de multiplicar en cualquier orden – sin recitar los números desde el primero.
2. La práctica ayuda a todo el mundo.

He aquí una lista de consejos y técnicas que pueden ayudarte a aprender más rápido las tablas de multiplicar:

- Canta las tablas de multiplicar, aplaude y dilas con ritmo. Incluso puedes botar una pelota.
- Crea tarjetas con preguntas y respuestas sobre las tablas de multiplicar. Después juega al "snap" (juego de cartas parecido al "burro") con ellas o a un juego de memorizar.
- Crea tus propias canciones, historias o poemas sin sentido (ver a continuación).
- Utiliza juegos de computadora, cuestionarios o aplicaciones para móvil.
- Canta canciones sobre las tablas de multiplicar.

Hay algunos libros que contienen historias o rimas para cada tabla de multiplicar. Sin embargo, esto puede producir confusión cuando los estudiantes intentan recordar 144 rimas e historias. Aunque al hacer los ejercicios de escribir-tapar-comprobar, puede resultar útil componer rimas tontas para cualquiera que te cueste recordar. Por ejemplo:

> *El número seis entró en un cuarto*
> *Seis veces cuatro es veinticuatro.*

Si quieres juegos de computadora y cuestionarios para complementar el material de este libro visita: www.

Un curso de dieciséis semanas

Este libro puede ser usado como un curso de dieciséis semanas.

Las semanas que estés aprendiendo una tabla de multiplicar siguen este patrón:

Día 1: Página de escribir-tapar-comprobar

Días 2 – 5: Hacer un ejercicio práctico.

Las semanas que estés revisando dos o más tablas de multiplicar siguen este patrón:

Días 1-4: Hacer un ejercicio

Día 5: Hacer ejercicio de problemas planteados.

El calendario para el curso de 16 semanas, con sus números de página, es:

Tablas de multiplicar del cero y del uno

Si tienes un montón de nada entonces no tienes nada. Cero veces cualquier cosa es cero. Por ejemplo, si hay siete personas en un equipo de baloncesto y tú no tienes equipo, entonces no tienes jugadores; así que 7 x 0 = 0. O si las naranjas cuestan 20 peniques cada una y no compras ninguna, entonces no te costará nada; así que 20 x 0 = 0

En las tablas de multiplicar, el número uno actúa como una espejo, y el otro número sigue siendo el mismo. Esto hace que el número uno sea tan fácil que ni siquiera vamos a hacer un ejercicio práctico sobre él, sólo escribir-tapar-comprobar.

1 x 4 = 4

Tabla del uno – Escribir, tapar, comprobar

La primera columna contiene la tabla de multiplicar del uno. Escríbela en la segunda columna. Después, tapa las dos primeras columnas y mira a ver si puedes escribirla sin mirar en la tercera columna. Luego mira a ver si puedes resolver las preguntas correspondientes sobre divisiones. Cuando hayas terminado tienes un montón de práctica variada en la siguiente página.

1 x 1 = 1	*1 x 1 = 1*	*1 x 1 = 1*	1 ÷ 1 = *1*
2 x 1 = 2			2 ÷ 1 =
3 x 1 = 2			3 ÷ 1 =
4 x 1 = 4			4 ÷ 1 =
5 x 1 = 5			5 ÷ 1 =
6 x 1 = 6			6 ÷ 1 =
7 x 1 = 7			7 ÷ 1 =
8 x 1 = 8			8 ÷ 1 =
9 x 1 = 9			9 ÷ 1 =
10 x 1 = 10			10 ÷ 1 =
11 x 1 = 11			11 ÷ 1 =
12 x 1 = 12			12 ÷ 1 =

Puntuación = $\frac{}{12}$ Puntuación = $\frac{}{12}$

Tabla del dos – Escribir, tapar, comprobar

La primera columna contiene la tabla de multiplicar del dos. Escríbela en la segunda columna. Después, tapa las dos primeras columnas y mira a ver si puedes escribirla sin mirar en la tercera columna. Luego mira a ver si puedes resolver las preguntas correspondientes sobre divisiones. Cuando hayas terminado tienes un montón de práctica variada en la siguiente página. Multiplicar algo por dos suele denominarse duplicar.

$1 \times 2 = 2$	_____	_____	$2 \div 2 =$ _____
$2 \times 2 = 4$	_____	_____	$4 \div 2 =$ _____
$3 \times 2 = 6$	_____	_____	$6 \div 2 =$ _____
$4 \times 2 = 8$	_____	_____	$8 \div 2 =$ _____
$5 \times 2 = 10$	_____	_____	$10 \div 2 =$ _____
$6 \times 2 = 12$	_____	_____	$12 \div 2 =$ _____
$7 \times 2 = 14$	_____	_____	$14 \div 2 =$ _____
$8 \times 2 = 16$	_____	_____	$16 \div 2 =$ _____
$9 \times 2 = 18$	_____	_____	$18 \div 2 =$ _____
$10 \times 2 = 20$	_____	_____	$20 \div 2 =$ _____
$11 \times 2 = 22$	_____	_____	$22 \div 2 =$ _____
$12 \times 2 = 24$	_____	_____	$24 \div 2 =$ _____

Puntuación $= \dfrac{}{12}$ Puntuación $= \dfrac{}{12}$

Tabla de multiplicar del dos – Práctica

Ejercicio 1

6 x 2 = _____

2 x 9 = _____

2 x 7 = _____

2 x 2 = _____

2 x 4 = _____

9 x 2 = _____

3 x 2 = _____

0 x 2 = _____

2 x 2 = _____

2 x 11 = _____

2 x 3 = _____

2 x 8 = _____

2 x 1 = _____

2 x 6 = _____

2 x 10 = _____

1 x 2 = _____

7 x 2 = _____

11 x 2 = _____

5 x 2 = _____

10 x 2 = _____

2 x 12 = _____

8 x 2 = _____

2 x 5 = _____

12 x 2 = _____

4 x 2 = _____

Puntuación $= \dfrac{}{25}$

Ejercicio 2

2 x 8 = _____

2 x 7 = _____

2 x 3 = _____

12 x 2 = _____

9 x 2 = _____

7 x 2 = _____

3 x 2 = _____

2 x 4 = _____

2 x 9 = _____

2 x 5 = _____

6 x 2 = _____

2 x 11 = _____

2 x 10 = _____

2 x 12 = _____

2 x 1 = _____

0 x 2 = _____

4 x 2 = _____

2 x 2 = _____

5 x 2 = _____

8 x 2 = _____

2 x 2 = _____

11 x 2 = _____

1 x 2 = _____

2 x 6 = _____

10 x 2 = _____

Puntuación $= \dfrac{}{25}$

Ejercicio 3

7 x 2 = _____

2 x 3 = _____

2 x 8 = _____

2 x 2 = _____

8 x 2 = _____

2 x 5 = _____

10 x 2 = _____

11 x 2 = _____

9 x 2 = _____

6 x 2 = _____

5 x 2 = _____

2 x 4 = _____

2 x 2 = _____

2 x 7 = _____

2 x 10 = _____

12 x 2 = _____

2 x 9 = _____

4 x 2 = _____

3 x 2 = _____

2 x 11 = _____

2 x 12 = _____

1 x 2 = _____

2 x 6 = _____

2 x 1 = _____

0 x 2 = _____

Puntuación $= \dfrac{}{25}$

Ejercicio 4

20 ÷ 2 = _____

14 ÷ 2 = _____

4 ÷ 2 = _____

18 ÷ 2 = _____

12 ÷ 2 = _____

2 ÷ 2 = _____

8 ÷ 2 = _____

22 ÷ 2 = _____

10 ÷ 2 = _____

20 ÷ 2 = _____

8 ÷ 2 = _____

6 ÷ 2 = _____

2 ÷ 1 = _____

16 ÷ 2 = _____

22 ÷ 2 = _____

24 ÷ 2 = _____

16 ÷ 2 = _____

4 ÷ 2 = _____

12 ÷ 2 = _____

10 ÷ 2 = _____

2 ÷ 2 = _____

14 ÷ 2 = _____

18 ÷ 2 = _____

24 ÷ 2 = _____

6 ÷ 2 = _____

Puntuación

$= \dfrac{}{25}$

Tabla del cinco – Escribir, tapar, comprobar

La tabla de multiplicar del cinco siempre termina con un cero o un cinco. Para calcular un número par, parte por la mitad el número y añade un cero. Por ejemplo, si quiero calcular 8 x 5 = ? ocho es par, así que podemos dividir ocho entre dos que da cuatro y luego añadir un cero. Por tanto 8 x 5 = 40. Si quiero calcular 9 x 5, puedo calcular 8 x 5 y luego sumar cinco. Luego 9 x 5 = 45.

1 x 5 = 5	_____	_____	5 ÷ 5 = _____
2 x 5 = 10	_____	_____	10 ÷ 5 = _____
3 x 5 = 15	_____	_____	15 ÷ 5 = _____
4 x 5 = 20	_____	_____	20 ÷ 5 = _____
5 x 5 = 25	_____	_____	25 ÷ 5 = _____
6 x 5 = 30	_____	_____	30 ÷ 5 = _____
7 x 5 = 35	_____	_____	35 ÷ 5 = _____
8 x 5 = 40	_____	_____	40 ÷ 5 = _____
9 x 5 = 45	_____	_____	45 ÷ 5 = _____
10 x 5 = 50	_____	_____	50 ÷ 5 = _____
11 x 5 = 55	_____	_____	55 ÷ 5 = _____
12 x 5 = 60	_____	_____	60 ÷ 5 = _____

Puntuación = $\frac{}{12}$ Puntuación = $\frac{}{12}$

Tabla de multiplicar del cinco – Práctica

Ejercicio 5	Ejercicio 6	Ejercicio 7	Ejercicio 8
5 x 5 = _____	5 x 3 = _____	5 x 5 = _____	5 ÷ 1 = _____
8 x 5 = _____	5 x 11 = _____	1 x 5 = _____	35 ÷ 5 = _____
1 x 5 = _____	5 x 5 = _____	6 x 5 = _____	60 ÷ 5 = _____
5 x 3 = _____	3 x 5 = _____	5 x 8 = _____	55 ÷ 5 = _____
5 x 6 = _____	4 x 5 = _____	9 x 5 = _____	50 ÷ 5 = _____
5 x 2 = _____	5 x 6 = _____	5 x 6 = _____	30 ÷ 5 = _____
6 x 5 = _____	7 x 5 = _____	11 x 5 = _____	10 ÷ 5 = _____
12 x 5 = _____	0 x 5 = _____	5 x 4 = _____	40 ÷ 5 = _____
5 x1 = _____	5 x 5 = _____	5 x 11 = _____	45 ÷ 5 = _____
3 x 5 = _____	6 x 5 = _____	2 x 5 = _____	30 ÷ 5 = _____
5 x 5 = _____	5 x 7 = _____	5 x 12 = _____	35 ÷ 5 = _____
10 x 5 = _____	5 x 4 = _____	5 x 7 = _____	25 ÷ 5 = _____
4 x 5 = _____	1 x 5 = _____	4 x 5 = _____	40 ÷ 5 = _____
5 x 8 = _____	12 x 5 = _____	10 x 5 = _____	50 ÷ 5 = _____
11 x 5 = _____	2 x 5 = _____	8 x 5 = _____	10 ÷ 5 = _____
5 x 4 = _____	5 x1 = _____	7 x 5 = _____	5 ÷ 5 = _____
5 x 7 = _____	9 x 5 = _____	5 x 3 = _____	15 ÷ 5 = _____
2 x 5 = _____	5 x 9 = _____	5 x 10 = _____	45 ÷ 5 = _____
5 x 11 = _____	5 x 8 = _____	12 x 5 = _____	20 ÷ 5 = _____
5 x 10 = _____	5 x 12 = _____	5 x 2 = _____	55 ÷ 5 = _____
0 x 5 = _____	10 x 5 = _____	5 x1 = _____	5 ÷ 5 = _____
9 x 5 = _____	8 x 5 = _____	5 x 5 = _____	60 ÷ 5 = _____
7 x 5 = _____	11 x 5 = _____	0 x 5 = _____	15 ÷ 5 = _____
5 x 9 = _____	5 x 2 = _____	3 x 5 = _____	20 ÷ 5 = _____
5 x 12 = _____	5 x 10 = _____	5 x 9 = _____	25 ÷ 5 = _____

Puntuación = $\frac{}{25}$ Puntuación = $\frac{}{25}$ Puntuación = $\frac{}{25}$ Puntuación = $\frac{}{25}$

Tabla del diez – Escribir, tapar, comprobar

Para multiplicar un número por diez, escribe simplemente el número y añade un cero. Por ejemplo, si quiero calcular 4 x 10 escribo el número cuatro y luego añado un cero, lo que da 40 como resultado.

1 x 10 = 10	_____	_____	10 ÷ 10 = _____
2 x 10 = 20	_____	_____	20 ÷ 10 = _____
3 x 10 = 30	_____	_____	30 ÷ 10 = _____
4 x 10 = 40	_____	_____	40 ÷ 10 = _____
5 x 10 = 50	_____	_____	50 ÷ 10 = _____
6 x 10 = 60	_____	_____	60 ÷ 10 = _____
7 x 10 = 70	_____	_____	70 ÷ 10 = _____
8 x 10 = 80	_____	_____	80 ÷ 10 = _____
9 x 10 = 90	_____	_____	90 ÷ 10 = _____
10 x 10 = 100	_____	_____	100 ÷ 10 = _____
11 x 10 = 110	_____	_____	110 ÷ 10 = _____
12 x 10 = 120	_____	_____	120 ÷ 10 = _____

Puntuación $= \dfrac{}{12}$ Puntuación $= \dfrac{}{12}$

Tabla de multiplicar del diez – Práctica

Ejercicio 9

10 x 12 = _____

10 x 7 = _____

8 x 10 = _____

10 x 5 = _____

10 x 2 = _____

10 x 10 = _____

6 x 10 = _____

3 x 10 = _____

7 x 10 = _____

4 x 10 = _____

9 x 10 = _____

1 x 10 = _____

5 x 10 = _____

12 x 10 = _____

10 x 10 = _____

10 x 4 = _____

10 x 11 = _____

10 x 6 = _____

0 x 10 = _____

10 x 9 = _____

10 x1 = _____

2 x 10 = _____

10 x 8 = _____

11 x 10 = _____

10 x 3 = _____

Puntuación = $\frac{}{25}$

Ejercicio 10

1 x 10 = _____

3 x 10 = _____

10 x 5 = _____

12 x 10 = _____

10 x 3 = _____

9 x 10 = _____

4 x 10 = _____

5 x 10 = _____

11 x 10 = _____

10 x 6 = _____

10 x 2 = _____

10 x 7 = _____

10 x 4 = _____

7 x 10 = _____

10 x 10 = _____

0 x 10 = _____

10 x1 = _____

10 x 10 = _____

2 x 10 = _____

10 x 8 = _____

10 x 12 = _____

8 x 10 = _____

6 x 10 = _____

10 x 9 = _____

10 x 11 = _____

Puntuación = $\frac{}{25}$

Ejercicio 11

2 x 10 = _____

10 x1 = _____

10 x 7 = _____

10 x 8 = _____

7 x 10 = _____

10 x 12 = _____

10 x 10 = _____

6 x 10 = _____

10 x 9 = _____

11 x 10 = _____

5 x 10 = _____

10 x 5 = _____

10 x 6 = _____

10 x 11 = _____

10 x 10 = _____

10 x 2 = _____

10 x 4 = _____

3 x 10 = _____

9 x 10 = _____

12 x 10 = _____

4 x 10 = _____

8 x 10 = _____

10 x 3 = _____

1 x 10 = _____

0 x 10 = _____

Puntuación = $\frac{}{25}$

Ejercicio 12

80 ÷ 10 = _____

50 ÷ 10 = _____

120 ÷ 10 = _____

100 ÷ 10 = _____

120 ÷ 10 = _____

10 ÷ 10 = _____

90 ÷ 10 = _____

90 ÷ 10 = _____

10 ÷ 1 = _____

30 ÷ 10 = _____

60 ÷ 10 = _____

50 ÷ 10 = _____

40 ÷ 10 = _____

80 ÷ 10 = _____

40 ÷ 10 = _____

60 ÷ 10 = _____

70 ÷ 10 = _____

20 ÷ 10 = _____

20 ÷ 10 = _____

30 ÷ 10 = _____

80 ÷ 10 = _____

50 ÷ 10 = _____

120 ÷ 10 = _____

100 ÷ 10 = _____

120 ÷ 10 = _____

Puntuación = $\frac{}{25}$

Tablas de multiplicar del 2, 5 y 10 – Práctica

Ejercicio 13

2 x 10 = _____
7 x 5 = _____
8 x 2 = _____
11 x 2 = _____
5 x 10 = _____
1 x 10 = _____
8 x 10 = _____
10 x 2 = _____
10 x 5 = _____
9 x 2 = _____
4 x 10 = _____
2 x 2 = _____
8 x 5 = _____
12 x 10 = _____
11 x 5 = _____
7 x 2 = _____
10 x 10 = _____
3 x 2 = _____
6 x 10 = _____
7 x 10 = _____
9 x 5 = _____
6 x 5 = _____
5 x 5 = _____
12 x 2 = _____
2 x 5 = _____

Puntuación = $\frac{}{25}$

Ejercicio 14

11 x 10 = _____
1 x 2 = _____
4 x 2 = _____
3 x 5 = _____
6 x 2 = _____
5 x 2 = _____
4 x 5 = _____
9 x 10 = _____
3 x 10 = _____
12 x 5 = _____
1 x 5 = _____
12 x 10 = _____
6 x 5 = _____
9 x 2 = _____
5 x 10 = _____
8 x 5 = _____
2 x 10 = _____
7 x 10 = _____
10 x 2 = _____
9 x 5 = _____
10 x 5 = _____
7 x 2 = _____
4 x 10 = _____
8 x 10 = _____
10 x 10 = _____

Puntuación = $\frac{}{25}$

Ejercicio 15

1 x 2 = _____
3 x 10 = _____
6 x 2 = _____
3 x 5 = _____
2 x 5 = _____
11 x 2 = _____
11 x 10 = _____
4 x 5 = _____
12 x 5 = _____
1 x 10 = _____
5 x 5 = _____
5 x 2 = _____
12 x 2 = _____
11 x 5 = _____
6 x 10 = _____
9 x 10 = _____
2 x 2 = _____
1 x 5 = _____
4 x 2 = _____
8 x 2 = _____
7 x 5 = _____
3 x 2 = _____
10 x 5 = _____
7 x 2 = _____
9 x 2 = _____

Puntuación = $\frac{}{25}$

Ejercicio 16

5 x 2 = _____
7 x 2 = _____
6 x 5 = _____
4 x 10 = _____
10 x 10 = _____
2 x 5 = _____
12 x 2 = _____
7 x 10 = _____
6 x 2 = _____
3 x 10 = _____
4 x 5 = _____
10 x 2 = _____
12 x 5 = _____
4 x 2 = _____
1 x 10 = _____
1 x 2 = _____
10 x 5 = _____
12 x 10 = _____
5 x 5 = _____
3 x 2 = _____
8 x 5 = _____
2 x 10 = _____
5 x 10 = _____
1 x 5 = _____
3 x 5 = _____

Puntuación = $\frac{}{25}$

Tablas del 2, 5 y 10 – Práctica de dividir

Ejercicio 17

$2 \div 2 =$ _____
$4 \div 2 =$ _____
$6 \div 2 =$ _____
$8 \div 2 =$ _____
$10 \div 2 =$ _____
$12 \div 2 =$ _____
$14 \div 2 =$ _____
$16 \div 2 =$ _____
$18 \div 2 =$ _____
$20 \div 2 =$ _____
$22 \div 2 =$ _____
$24 \div 2 =$ _____
$5 \div 5 =$ _____
$10 \div 5 =$ _____
$15 \div 5 =$ _____
$20 \div 5 =$ _____
$25 \div 5 =$ _____
$30 \div 5 =$ _____
$35 \div 5 =$ _____
$40 \div 5 =$ _____
$45 \div 5 =$ _____
$50 \div 5 =$ _____
$55 \div 5 =$ _____
$60 \div 5 =$ _____
$10 \div 10 =$ _____

Puntuación $= \dfrac{}{25}$

Ejercicio 18

$60 \div 10 =$ _____
$45 \div 5 =$ _____
$30 \div 10 =$ _____
$80 \div 10 =$ _____
$20 \div 2 =$ _____
$50 \div 5 =$ _____
$10 \div 10 =$ _____
$5 \div 5 =$ _____
$90 \div 10 =$ _____
$12 \div 2 =$ _____
$20 \div 5 =$ _____
$15 \div 5 =$ _____
$6 \div 2 =$ _____
$40 \div 5 =$ _____
$14 \div 2 =$ _____
$2 \div 2 =$ _____
$55 \div 5 =$ _____
$20 \div 10 =$ _____
$35 \div 5 =$ _____
$24 \div 2 =$ _____
$4 \div 2 =$ _____
$40 \div 10 =$ _____
$100 \div 10 =$ _____
$22 \div 2 =$ _____
$120 \div 10 =$ _____

Puntuación $= \dfrac{}{25}$

Ejercicio 19

$10 \div 5 =$ _____
$25 \div 5 =$ _____
$110 \div 10 =$ _____
$60 \div 5 =$ _____
$50 \div 10 =$ _____
$30 \div 5 =$ _____
$70 \div 10 =$ _____
$18 \div 2 =$ _____
$16 \div 2 =$ _____
$10 \div 2 =$ _____
$8 \div 2 =$ _____
$120 \div 10 =$ _____
$40 \div 5 =$ _____
$20 \div 2 =$ _____
$35 \div 5 =$ _____
$30 \div 10 =$ _____
$20 \div 10 =$ _____
$10 \div 10 =$ _____
$15 \div 5 =$ _____
$24 \div 2 =$ _____
$45 \div 5 =$ _____
$90 \div 10 =$ _____
$50 \div 5 =$ _____
$22 \div 2 =$ _____
$5 \div 5 =$ _____

Puntuación $= \dfrac{}{25}$

Ejercicio 20

$14 \div 2 =$ _____
$55 \div 5 =$ _____
$12 \div 2 =$ _____
$80 \div 10 =$ _____
$100 \div 10 =$ _____
$60 \div 10 =$ _____
$20 \div 5 =$ _____
$40 \div 10 =$ _____
$6 \div 2 =$ _____
$4 \div 2 =$ _____
$2 \div 2 =$ _____
$22 \div 2 =$ _____
$20 \div 2 =$ _____
$10 \div 5 =$ _____
$60 \div 5 =$ _____
$40 \div 10 =$ _____
$90 \div 10 =$ _____
$15 \div 5 =$ _____
$12 \div 2 =$ _____
$14 \div 2 =$ _____
$30 \div 10 =$ _____
$5 \div 5 =$ _____
$45 \div 5 =$ _____
$16 \div 2 =$ _____
$25 \div 5 =$ _____

Puntuación $= \dfrac{}{25}$

Tablas del 2, 5 y 10 – Problemas planteados

Ejercicio 21

1. Josias y Nina tienen una fiesta de cumpleaños. Para los juegos hay diez niños y cada uno de ellos necesita dos globos. ¿Cuántos globos necesitan en total? _____

2. Lucas recibe dos revistas al mes durante doce meses. ¿Cuántas revistas recibe? _____

3. La escuela primaria a la que va Maritza tiene cinco equipos de baloncesto. Si cada uno tiene siete jugadores, ¿cuántos jugadores de baloncesto hay? _____

4. Un paquete de barritas de chocolate contiene cinco chocolatinas. ¿Cuántos paquetes se necesitan para dar una chocolatina por persona a 45 personas? _____

5. Un paquete múltiple de patatas fritas contiene ocho paquetes individuales de patatas fritas. ¿Cuántos paquetes de patatas fritas hay en dos paquetes múltiples? _____

6. Rafael, Teodora y Aidia han recibido cada uno cinco libros para Navidad. ¿Cuántos libros han recibido en conjunto? _____

7. Maya necesita veinticinco tornillos para completar la mesa que está haciendo. Si los tornillos vienen en paquetes de cinco, ¿cuántos paquetes necesita? _____

8. Roberto ahorra 10 peniques a la semana. ¿Cuánto ha ahorrado después de 9 semanas? _____

9. Las manzanas cuestan 5 peniques cada una en la tienda. ¿Cuánto cuesta comprar once manzanas? _____

10. Una docena (12) huevos cuestan 60 peniques. ¿Cuánto cuesta cada huevo? _____

Puntuación $= \dfrac{\quad}{10}$

Progreso hasta el momento

Echa un vistazo a cuántas tablas de multiplicar ya te sabes. Excelente trabajo. Sigue así. ☺

Uno	**Dos**	**Tres**	**Cuatro**
1 x 1 = 1	1 x 2 = 2	1 x 3 = 3	1 x 4 = 4
2 x 1 = 2	2 x 2 = 4	2 x 3 = 6	2 x 4 = 8
3 x 1 = 3	3 x 2 = 6	3 x 3 = 9	3 x 4 = 12
4 x 1 = 4	4 x 2 = 8	4 x 3 = 12	4 x 4 = 16
5 x 1 = 5	5 x 2 = 10	5 x 3 = 15	5 x 4 = 20
6 x 1 = 6	6 x 2 = 12	6 x 3 = 18	6 x 4 = 24
7 x 1 = 7	7 x 2 = 14	7 x 3 = 21	7 x 4 = 28
8 x 1 = 8	8 x 2 = 16	8 x 3 = 24	8 x 4 = 32
9 x 1 = 9	9 x 2 = 18	9 x 3 = 27	9 x 4 = 36
10 x 1 = 10	10 x 2 = 20	10 x 3 = 30	10 x 4 = 40
11 x 1 = 11	11 x 2 = 22	11 x 3 = 33	11 x 4 = 44
12 x 1 = 12	12 x 2 = 24	12 x 3 = 36	12 x 4 = 48

Cinco	**Seis**	**Siete**	**Ocho**
1 x 5 = 5	1 x 6 = 6	1 x 7 = 7	1 x 8 = 8
2 x 5 = 10	2 x 6 = 12	2 x 7 = 14	2 x 8 = 16
3 x 5 = 15	3 x 6 = 18	3 x 7 = 21	3 x 8 = 24
4 x 5 = 20	4 x 6 = 24	4 x 7 = 28	4 x 8 = 32
5 x 5 = 25	5 x 6 = 30	5 x 7 = 35	5 x 8 = 40
6 x 5 = 30	6 x 6 = 36	6 x 7 = 42	6 x 8 = 48
7 x 5 = 35	7 x 6 = 42	7 x 7 = 49	7 x 8 = 56
8 x 5 = 40	8 x 6 = 48	8 x 7 = 56	8 x 8 = 64
9 x 5 = 45	9 x 6 = 54	9 x 7 = 63	9 x 8 = 72
10 x 5 = 50	10 x 6 = 60	10 x 7 = 70	10 x 8 = 80
11 x 5 = 55	11 x 6 = 66	11 x 7 = 77	11 x 8 = 88
12 x 5 = 60	12 x 6 = 72	12 x 7 = 84	12 x 8 = 96

Nueve	**Diez**	**Once**	**Doce**
1 x 9 = 9	1 x 10 = 10	1 x 11 = 11	1 x 12 = 12
2 x 9 = 18	2 x 10 = 20	2 x 11 = 22	2 x 12 = 24
3 x 9 = 27	3 x 10 = 30	3 x 11 = 33	3 x 12 = 36
4 x 9 = 36	4 x 10 = 40	4 x 11 = 44	4 x 12 = 48
5 x 9 = 45	5 x 10 = 50	5 x 11 = 55	5 x 12 = 60
6 x 9 = 54	6 x 10 = 60	6 x 11 = 66	6 x 12 = 72
7 x 9 = 63	7 x 10 = 70	7 x 11 = 77	7 x 12 = 84
8 x 9 = 72	8 x 10 = 80	8 x 11 = 88	8 x 12 = 96
9 x 9 = 81	9 x 10 = 90	9 x 11 = 99	9 x 12 = 108
10 x 9 = 90	10 x 10 = 100	10 x 11 = 110	10 x 12 = 120
11 x 9 = 99	11 x 10 = 110	11 x 11 = 121	11 x 12 = 132
12 x 9 = 108	12 x 10 = 120	12 x 11 = 132	12 x 12 = 144

Pasa página para ver las tablas de multiplicar del tres, cuatro y seis.

Tabla del tres – Escribir, tapar, comprobar

Para todos los números de la tabla de multiplicar del tres, si sumas los dígitos la respuesta es tres, seis o nueve.

Por ejemplo $5 \times 3 = 15$ $1 + 5 = 6$

$6 \times 3 = 18$ $1 + 8 = 9$

$7 \times 3 = 21$ $2 + 1 = 3$

Si cuando sumo los dígitos obtengo un número formado por más de dos dígitos, entonces sigo sumando los dígitos hasta obtener un número de dos dígitos.

Por ejemplo $13 \times 3 = 39$. $3 + 9 = 12$ así que repito y $1 + 2 = 3$

$1 \times 3 = 3$	_____	_____	$3 \div 3 =$ _____
$2 \times 3 = 6$	_____	_____	$6 \div 3 =$ _____
$3 \times 3 = 9$	_____	_____	$9 \div 3 =$ _____
$4 \times 3 = 12$	_____	_____	$12 \div 3 =$ _____
$5 \times 3 = 15$	_____	_____	$15 \div 3 =$ _____
$6 \times 3 = 18$	_____	_____	$18 \div 3 =$ _____
$7 \times 3 = 21$	_____	_____	$21 \div 3 =$ _____
$8 \times 3 = 24$	_____	_____	$24 \div 3 =$ _____
$9 \times 3 = 27$	_____	_____	$27 \div 3 =$ _____
$10 \times 3 = 30$	_____	_____	$30 \div 3 =$ _____
$11 \times 3 = 33$	_____	_____	$33 \div 3 =$ _____
$12 \times 3 = 36$	_____	_____	$36 \div 3 =$ _____

Puntuación $= \dfrac{}{12}$ Puntuación $= \dfrac{}{12}$

Tabla de multiplicar del tres – Práctica

Ejercicio 22

0 x 3 = _____

6 x 3 = _____

3 x 3 = _____

2 x 3 = _____

10 x 3 = _____

3 x 3 = _____

9 x 3 = _____

3 x 1 = _____

3 x 11 = _____

3 x 12 = _____

1 x 3 = _____

5 x 3 = _____

3 x 6 = _____

11 x 3 = _____

3 x 4 = _____

7 x 3 = _____

3 x 5 = _____

3 x 2 = _____

8 x 3 = _____

3 x 9 = _____

12 x 3 = _____

3 x 7 = _____

4 x 3 = _____

3 x 10 = _____

3 x 8 = _____

Puntuación = $\frac{}{25}$

Ejercicio 23

7 x 3 = _____

1 x 3 = _____

2 x 3 = _____

3 x 3 = _____

3 x 5 = _____

11 x 3 = _____

6 x 3 = _____

3 x 4 = _____

12 x 3 = _____

10 x 3 = _____

4 x 3 = _____

8 x 3 = _____

3 x 10 = _____

3 x 8 = _____

3 x 12 = _____

3 x 11 = _____

9 x 3 = _____

3 x 1 = _____

3 x 3 = _____

3 x 2 = _____

3 x 6 = _____

3 x 7 = _____

0 x 3 = _____

5 x 3 = _____

3 x 9 = _____

Puntuación = $\frac{}{25}$

Ejercicio 24

3 x 10 = _____

11 x 3 = _____

3 x 3 = _____

5 x 3 = _____

3 x 12 = _____

10 x 3 = _____

9 x 3 = _____

1 x 3 = _____

3 x 11 = _____

3 x 8 = _____

8 x 3 = _____

3 x 9 = _____

3 x 5 = _____

0 x 3 = _____

3 x 2 = _____

12 x 3 = _____

3 x 7 = _____

3 x 3 = _____

4 x 3 = _____

7 x 3 = _____

3 x 1 = _____

2 x 3 = _____

3 x 6 = _____

3 x 4 = _____

6 x 3 = _____

Puntuación = $\frac{}{25}$

Ejercicio 25

18 ÷ 3 = _____

9 ÷ 3 = _____

21 ÷ 3 = _____

33 ÷ 3 = _____

36 ÷ 3 = _____

6 ÷ 3 = _____

12 ÷ 3 = _____

24 ÷ 3 = _____

21 ÷ 3 = _____

15 ÷ 3 = _____

33 ÷ 3 = _____

3 ÷ 3 = _____

36 ÷ 3 = _____

18 ÷ 3 = _____

3 ÷ 3 = _____

30 ÷ 3 = _____

24 ÷ 3 = _____

27 ÷ 3 = _____

12 ÷ 3 = _____

6 ÷ 3 = _____

3 ÷ 1 = _____

27 ÷ 3 = _____

9 ÷ 3 = _____

30 ÷ 3 = _____

15 ÷ 3 = _____

Puntuación = $\frac{}{25}$

Tabla del cuatro – Escribir, tapar, comprobar

Uno de cada dos números de la tabla del dos está en la tabla del cuatro. Así que si olvidas una de las soluciones de la tabla del cuatro puedes multiplicar el número dos veces por dos. Por ejemplo, si has olvidado cuánto es 3 x 4, puedes multiplicar tres por dos y obtener 6, luego multiplicar la solución (6) por dos y obtener doce.

$1 \times 4 = 4$	_____	_____	$4 \div 4 =$ _____
$2 \times 4 = 8$	_____	_____	$8 \div 4 =$ _____
$3 \times 4 = 12$	_____	_____	$12 \div 4 =$ _____
$4 \times 4 = 16$	_____	_____	$16 \div 4 =$ _____
$5 \times 4 = 20$	_____	_____	$20 \div 4 =$ _____
$6 \times 4 = 24$	_____	_____	$24 \div 4 =$ _____
$7 \times 4 = 28$	_____	_____	$28 \div 4 =$ _____
$8 \times 4 = 32$	_____	_____	$32 \div 4 =$ _____
$9 \times 4 = 36$	_____	_____	$36 \div 4 =$ _____
$10 \times 4 = 40$	_____	_____	$40 \div 4 =$ _____
$11 \times 4 = 44$	_____	_____	$44 \div 4 =$ _____
$12 \times 4 = 48$	_____	_____	$48 \div 4 =$ _____

Puntuación $= \dfrac{}{12}$ Puntuación $= \dfrac{}{12}$

Tabla de multiplicar del cuatro – Práctica

Ejercicio 26

4 x 9 = _____

2 x 4 = _____

4 x 1 = _____

9 x 4 = _____

4 x 6 = _____

3 x 4 = _____

11 x 4 = _____

6 x 4 = _____

7 x 4 = _____

4 x 7 = _____

1 x 4 = _____

4 x 8 = _____

4 x 2 = _____

5 x 4 = _____

10 x 4 = _____

8 x 4 = _____

4 x 11 = _____

4 x 4 = _____

4 x 12 = _____

4 x 10 = _____

4 x 4 = _____

4 x 5 = _____

4 x 3 = _____

0 x 4 = _____

12 x 4 = _____

Puntuación = $\frac{}{25}$

Ejercicio 27

5 x 4 = _____

4 x 9 = _____

4 x 2 = _____

12 x 4 = _____

3 x 4 = _____

11 x 4 = _____

2 x 4 = _____

4 x 10 = _____

4 x 4 = _____

4 x 1 = _____

4 x 8 = _____

4 x 7 = _____

4 x 6 = _____

8 x 4 = _____

4 x 3 = _____

4 x 5 = _____

4 x 11 = _____

1 x 4 = _____

7 x 4 = _____

10 x 4 = _____

0 x 4 = _____

4 x 12 = _____

6 x 4 = _____

4 x 4 = _____

9 x 4 = _____

Puntuación = $\frac{}{25}$

Ejercicio 28

10 x 4 = _____

4 x 6 = _____

4 x 9 = _____

4 x 4 = _____

9 x 4 = _____

6 x 4 = _____

4 x 3 = _____

0 x 4 = _____

4 x 5 = _____

4 x 8 = _____

4 x 7 = _____

4 x 2 = _____

7 x 4 = _____

5 x 4 = _____

3 x 4 = _____

4 x 10 = _____

2 x 4 = _____

11 x 4 = _____

1 x 4 = _____

4 x 11 = _____

4 x 4 = _____

4 x 12 = _____

12 x 4 = _____

4 x 1 = _____

8 x 4 = _____

Puntuación = $\frac{}{25}$

Ejercicio 29

4 ÷ 4 = _____

36 ÷ 4 = _____

24 ÷ 4 = _____

16 ÷ 4 = _____

44 ÷ 4 = _____

4 ÷ 1 = _____

48 ÷ 4 = _____

28 ÷ 4 = _____

20 ÷ 4 = _____

8 ÷ 4 = _____

32 ÷ 4 = _____

8 ÷ 4 = _____

32 ÷ 4 = _____

28 ÷ 4 = _____

12 ÷ 4 = _____

40 ÷ 4 = _____

48 ÷ 4 = _____

4 ÷ 4 = _____

12 ÷ 4 = _____

44 ÷ 4 = _____

16 ÷ 4 = _____

24 ÷ 4 = _____

20 ÷ 4 = _____

36 ÷ 4 = _____

40 ÷ 4 = _____

Puntuación = $\frac{}{25}$

Tabla del seis – Escribir, tapar, comprobar

Todos los números de la tabla de multiplicar del seis están tanto en la tabla del dos como en la del tres. Así que si olvidas una de las soluciones de la tabla del seis puedes multiplicar el número por tres y luego por dos. Por ejemplo, si he olvidado cuánto es 4 x 6, puedo multiplicar cuatro por dos para obtener ocho y luego multiplicar mi solución (8) por tres para obtener 24.

1 x 6 = 6	_____	_____	6 ÷ 6 = ____
2 x 6 = 12	_____	_____	12 ÷ 6 = ____
3 x 6 = 18	_____	_____	18 ÷ 6 = ____
4 x 6 = 24	_____	_____	24 ÷ 6 = ____
5 x 6 = 30	_____	_____	30 ÷ 6 = ____
6 x 6 = 36	_____	_____	36 ÷ 6 = ____
7 x 6 = 42	_____	_____	42 ÷ 6 = ____
8 x 6 = 48	_____	_____	48 ÷ 6 = ____
9 x 6 = 54	_____	_____	54 ÷ 6 = ____
10 x 6 = 60	_____	_____	60 ÷ 6 = ____
11 x 6 = 66	_____	_____	66 ÷ 6 = ____
12 x 6 = 72	_____	_____	72 ÷ 6 = ____

Puntuación $= \dfrac{}{12}$ Puntuación $= \dfrac{}{12}$

Tabla de multiplicar del seis – Práctica

Ejercicio 30

8 x 6 = _____

6 x1 = _____

6 x 11 = _____

5 x 6 = _____

10 x 6 = _____

4 x 6 = _____

11 x 6 = _____

6 x 6 = _____

2 x 6 = _____

6 x 9 = _____

1 x 6 = _____

6 x 8 = _____

6 x 10 = _____

6 x 5 = _____

12 x 6 = _____

3 x 6 = _____

6 x 4 = _____

6 x 3 = _____

7 x 6 = _____

9 x 6 = _____

6 x 6 = _____

6 x 7 = _____

6 x 12 = _____

0 x 6 = _____

6 x 2 = _____

Puntuación = $\frac{}{25}$

Ejercicio 31

6 x 6 = _____

6 x 8 = _____

6 x1 = _____

7 x 6 = _____

1 x 6 = _____

0 x 6 = _____

6 x 11 = _____

12 x 6 = _____

6 x 7 = _____

11 x 6 = _____

6 x 10 = _____

4 x 6 = _____

2 x 6 = _____

6 x 6 = _____

6 x 5 = _____

6 x 9 = _____

10 x 6 = _____

9 x 6 = _____

6 x 4 = _____

5 x 6 = _____

6 x 12 = _____

6 x 3 = _____

8 x 6 = _____

6 x 2 = _____

3 x 6 = _____

Puntuación = $\frac{}{25}$

Ejercicio 32

6 x 8 = _____

6 x 3 = _____

6 x 9 = _____

10 x 6 = _____

12 x 6 = _____

6 x 10 = _____

7 x 6 = _____

11 x 6 = _____

6 x 4 = _____

6 x 6 = _____

3 x 6 = _____

6 x1 = _____

1 x 6 = _____

5 x 6 = _____

6 x 12 = _____

6 x 2 = _____

2 x 6 = _____

0 x 6 = _____

6 x 7 = _____

6 x 5 = _____

6 x 11 = _____

6 x 6 = _____

4 x 6 = _____

9 x 6 = _____

8 x 6 = _____

Puntuación = $\frac{}{25}$

Ejercicio 33

48 ÷ 6 = _____

66 ÷ 6 = _____

42 ÷ 6 = _____

6 ÷ 6 = _____

60 ÷ 6 = _____

36 ÷ 6 = _____

30 ÷ 6 = _____

54 ÷ 6 = _____

6 ÷ 1 = _____

18 ÷ 6 = _____

66 ÷ 6 = _____

24 ÷ 6 = _____

12 ÷ 6 = _____

30 ÷ 6 = _____

54 ÷ 6 = _____

72 ÷ 6 = _____

6 ÷ 6 = _____

42 ÷ 6 = _____

12 ÷ 6 = _____

72 ÷ 6 = _____

60 ÷ 6 = _____

18 ÷ 6 = _____

24 ÷ 6 = _____

48 ÷ 6 = _____

36 ÷ 6 = _____

Puntuación = $\frac{}{25}$

Tablas de multiplicar del 3, 4 y 6 – Práctica

Ejercicio 34

8 x 3 = _____

2 x 4 = _____

2 x 3 = _____

3 x 3 = _____

6 x 4 = _____

9 x 6 = _____

9 x 3 = _____

3 x 6 = _____

11 x 4 = _____

7 x 4 = _____

11 x 3 = _____

9 x 4 = _____

10 x 3 = _____

3 x 4 = _____

7 x 6 = _____

5 x 6 = _____

7 x 3 = _____

1 x 3 = _____

2 x 6 = _____

6 x 3 = _____

8 x 6 = _____

10 x 6 = _____

4 x 3 = _____

8 x 4 = _____

5 x 4 = _____

Puntuación = $\frac{\quad}{25}$

Ejercicio 35

5 x 3 = _____

12 x 6 = _____

4 x 6 = _____

12 x 3 = _____

6 x 6 = _____

12 x 4 = _____

4 x 4 = _____

1 x 4 = _____

11 x 6 = _____

1 x 6 = _____

10 x 4 = _____

2 x 4 = _____

11 x 4 = _____

4 x 3 = _____

11 x 3 = _____

1 x 4 = _____

8 x 4 = _____

6 x 4 = _____

10 x 3 = _____

9 x 4 = _____

1 x 3 = _____

4 x 6 = _____

7 x 4 = _____

3 x 4 = _____

3 x 6 = _____

Puntuación = $\frac{\quad}{25}$

Ejercicio 36

10 x 6 = _____

6 x 3 = _____

6 x 6 = _____

5 x 3 = _____

7 x 3 = _____

4 x 4 = _____

12 x 3 = _____

2 x 6 = _____

3 x 3 = _____

5 x 6 = _____

7 x 6 = _____

2 x 3 = _____

12 x 4 = _____

8 x 3 = _____

5 x 4 = _____

8 x 6 = _____

10 x 4 = _____

1 x 6 = _____

11 x 6 = _____

9 x 6 = _____

9 x 3 = _____

12 x 6 = _____

7 x 6 = _____

11 x 4 = _____

6 x 8 = _____

Puntuación = $\frac{\quad}{25}$

Ejercicio 37

9 ÷ 3 = _____

33 ÷ 3 = _____

27 ÷ 3 = _____

15 ÷ 3 = _____

8 ÷ 4 = _____

30 ÷ 3 = _____

16 ÷ 4 = _____

4 ÷ 4 = _____

36 ÷ 4 = _____

6 ÷ 3 = _____

18 ÷ 6 = _____

44 ÷ 4 = _____

60 ÷ 6 = _____

48 ÷ 6 = _____

32 ÷ 4 = _____

36 ÷ 6 = _____

20 ÷ 4 = _____

3 ÷ 3 = _____

36 ÷ 3 = _____

40 ÷ 4 = _____

42 ÷ 6 = _____

54 ÷ 6 = _____

24 ÷ 6 = _____

24 ÷ 3 = _____

12 ÷ 4 = _____

Puntuación = $\frac{\quad}{25}$

Tablas del 3, 4 y 6 –Problemas planteados

Ejercicio 38

1. Si un CD cuesta 4 £, ¿cuánto costarán seis CDs?   _____

2. Si Nalda tiene 24 £, ¿cuántos juguetes puede comprar si cuestan 3£ cada uno?   _____

3. Sabana, Felipe y Leon tienen cada uno seis pegatinas. ¿Cuántas pegatinas tienen
en conjunto?   _____

4. A Rosa le gusta dibujar personajes de dibujos animados. Si Mahek puede dibujar cuatro
dibujos en una página, ¿cuántas páginas necesita para dibujar 36 personajes?   _____

5. Jairo es bueno mecanografiando. Puede mecanografiar una página en 3 minutos. Si dispone de
36 minutos, ¿cuántas páginas puede mecanografiar?   _____

6. En una feria escolar, los dulces se venden en bolsas de cuatro. Arturo compra ocho bolsas para
sus amigos. ¿Cuántos dulces tienen en conjunto?   _____

7. Un profesor está organizando un juego deportivo. Si hay treinta estudiantes, ¿cuántos grupos
de seis pueden hacerse?   _____

8. Un hexágono tiene seis caras. ¿Cuántas caras tendrían siete hexágonos en total?   _____

9. Un contenedor contiene tres cajas. Cada caja contiene cuatro botellas. ¿Cuántas botellas hay
en seis contenedores?   _____

10. Un cartón de zumo de naranja contiene 6 vasos. ¿Cuántos cartones son necesarios para llenar
48 vasos?   _____

Puntuación $= \dfrac{\quad}{10}$

Progreso hasta el momento

Llevas aprendidas más del 80% de las tablas de multiplicar. Excelente trabajo. Sigue así. ☺

Uno	Dos	Tres	Cuatro
1 x 1 = 1	1 x 2 = 2	1 x 3 = 3	1 x 4 = 4
2 x 1 = 2	2 x 2 = 4	2 x 3 = 6	2 x 4 = 8
3 x 1 = 3	3 x 2 = 6	3 x 3 = 9	3 x 4 = 12
4 x 1 = 4	4 x 2 = 8	4 x 3 = 12	4 x 4 = 16
5 x 1 = 5	5 x 2 = 10	5 x 3 = 15	5 x 4 = 20
6 x 1 = 6	6 x 2 = 12	6 x 3 = 18	6 x 4 = 24
7 x 1 = 7	7 x 2 = 14	7 x 3 = 21	7 x 4 = 28
8 x 1 = 8	8 x 2 = 16	8 x 3 = 24	8 x 4 = 32
9 x 1 = 9	9 x 2 = 18	9 x 3 = 27	9 x 4 = 36
10 x 1 = 10	10 x 2 = 20	10 x 3 = 30	10 x 4 = 40
11 x 1 = 11	11 x 2 = 22	11 x 3 = 33	11 x 4 = 44
12 x 1 = 12	12 x 2 = 24	12 x 3 = 36	12 x 4 = 48

Cinco	Seis	Siete	Ocho
1 x 5 = 5	1 x 6 = 6	1 x 7 = 7	1 x 8 = 8
2 x 5 = 10	2 x 6 = 12	2 x 7 = 14	2 x 8 = 16
3 x 5 = 15	3 x 6 = 18	3 x 7 = 21	3 x 8 = 24
4 x 5 = 20	4 x 6 = 24	4 x 7 = 28	4 x 8 = 32
5 x 5 = 25	5 x 6 = 30	5 x 7 = 35	5 x 8 = 40
6 x 5 = 30	6 x 6 = 36	6 x 7 = 42	6 x 8 = 48
7 x 5 = 35	7 x 6 = 42	7 x 7 = 49	7 x 8 = 56
8 x 5 = 40	8 x 6 = 48	8 x 7 = 56	8 x 8 = 64
9 x 5 = 45	9 x 6 = 54	9 x 7 = 63	9 x 8 = 72
10 x 5 = 50	10 x 6 = 60	10 x 7 = 70	10 x 8 = 80
11 x 5 = 55	11 x 6 = 66	11 x 7 = 77	11 x 8 = 88
12 x 5 = 60	12 x 6 = 72	12 x 7 = 84	12 x 8 = 96

Nueve	Diez	Once	Doce
1 x 9 = 9	1 x 10 = 10	1 x 11 = 11	1 x 12 = 12
2 x 9 = 18	2 x 10 = 20	2 x 11 = 22	2 x 12 = 24
3 x 9 = 27	3 x 10 = 30	3 x 11 = 33	3 x 12 = 36
4 x 9 = 36	4 x 10 = 40	4 x 11 = 44	4 x 12 = 48
5 x 9 = 45	5 x 10 = 50	5 x 11 = 55	5 x 12 = 60
6 x 9 = 54	6 x 10 = 60	6 x 11 = 66	6 x 12 = 72
7 x 9 = 63	7 x 10 = 70	7 x 11 = 77	7 x 12 = 84
8 x 9 = 72	8 x 10 = 80	8 x 11 = 88	8 x 12 = 96
9 x 9 = 81	9 x 10 = 90	9 x 11 = 99	9 x 12 = 108
10 x 9 = 90	10 x 10 = 100	10 x 11 = 110	10 x 12 = 120
11 x 9 = 99	11 x 10 = 110	11 x 11 = 121	11 x 12 = 132
12 x 9 = 108	12 x 10 = 120	12 x 11 = 132	12 x 12 = 144

Pasa la página para ver las tablas de multiplicar del siete, ocho y nueve.

Tabla del siete – Escribir, tapar, comprobar

La tabla de multiplicar del siete puede parecer intimidante, sin embargo, ya sabes todas las soluciones de esta tabla excepto cinco.

1 x 7 = 7	_____	_____	7 ÷ 7 = _____
2 x 7 = 14	_____	_____	14 ÷ 7 = _____
3 x 7 = 21	_____	_____	21 ÷ 7 = _____
4 x 7 = 28	_____	_____	28 ÷ 7 = _____
5 x 7 = 35	_____	_____	35 ÷ 7 = _____
6 x 7 = 42	_____	_____	42 ÷ 7 = _____
7 x 7 = 49	_____	_____	49 ÷ 7 = _____
8 x 7 = 56	_____	_____	56 ÷ 7 = _____
9 x 7 = 63	_____	_____	63 ÷ 7 = _____
10 x 7 = 70	_____	_____	70 ÷ 7 = _____
11 x 7 = 77	_____	_____	77 ÷ 7 = _____
12 x 7 = 84	_____	_____	84 ÷ 7 = _____

Puntuación = $\frac{}{12}$ Puntuación = $\frac{}{12}$

Tabla de multiplicar del siete – Práctica

Ejercicio 39

7 x 6 = _____
5 x 7 = _____
10 x 7 = _____
7 x 7 = _____
7 x 4 = _____
7 x 9 = _____
0 x 7 = _____
7 x 11 = _____
1 x 7 = _____
7 x 5 = _____
6 x 7 = _____
7 x 2 = _____
8 x 7 = _____
12 x 7 = _____
4 x 7 = _____
7 x 10 = _____
3 x 7 = _____
7 x1 = _____
11 x 7 = _____
7 x 8 = _____
9 x 7 = _____
7 x 12 = _____
2 x 7 = _____
7 x 3 = _____
7 x 7 = _____

Puntuación $= \frac{}{25}$

Ejercicio 40

7 x 2 = _____
7 x 9 = _____
7 x 3 = _____
1 x 7 = _____
7 x 5 = _____
5 x 7 = _____
7 x 8 = _____
4 x 7 = _____
10 x 7 = _____
3 x 7 = _____
7 x 11 = _____
6 x 7 = _____
12 x 7 = _____
7 x 4 = _____
7 x1 = _____
7 x 10 = _____
7 x 12 = _____
7 x 7 = _____
8 x 7 = _____
11 x 7 = _____
7 x 7 = _____
9 x 7 = _____
2 x 7 = _____
0 x 7 = _____
7 x 6 = _____

Puntuación $= \frac{}{25}$

Ejercicio 41

10 x 7 = _____
7 x 7 = _____
7 x 5 = _____
3 x 7 = _____
6 x 7 = _____
5 x 7 = _____
1 x 7 = _____
7 x 2 = _____
0 x 7 = _____
9 x 7 = _____
2 x 7 = _____
7 x 12 = _____
4 x 7 = _____
7 x 10 = _____
7 x 4 = _____
7 x 7 = _____
8 x 7 = _____
7 x 6 = _____
7 x 3 = _____
12 x 7 = _____
7 x 1 = _____
11 x 7 = _____
7 x 9 = _____
7 x 8 = _____
7 x 11 = _____

Puntuación $= \frac{}{25}$

Ejercicio 42

28 ÷ 7 = _____
56 ÷ 7 = _____
21 ÷ 7 = _____
70 ÷ 7 = _____
56 ÷ 7 = _____
35 ÷ 7 = _____
7 ÷ 7 = _____
77 ÷ 7 = _____
21 ÷ 7 = _____
70 ÷ 7 = _____
49 ÷ 7 = _____
63 ÷ 7 = _____
77 ÷ 7 = _____
42 ÷ 7 = _____
14 ÷ 7 = _____
7 ÷ 1 = _____
84 ÷ 7 = _____
35 ÷ 7 = _____
7 ÷ 7 = _____
84 ÷ 7 = _____
42 ÷ 7 = _____
28 ÷ 7 = _____
49 ÷ 7 = _____
14 ÷ 7 = _____
63 ÷ 7 = _____

Puntuación

$= \frac{}{25}$

Tabla del ocho – Escribir, tapar, comprobar

La tabla de multiplicar del ocho contiene uno de cada dos números de la tabla del cuatro.

$1 \times 8 = 8$	_____	_____	$8 \div 8 =$ _____
$2 \times 8 = 16$	_____	_____	$16 \div 8 =$ _____
$3 \times 8 = 24$	_____	_____	$24 \div 8 =$ _____
$4 \times 8 = 32$	_____	_____	$32 \div 8 =$ _____
$5 \times 8 = 40$	_____	_____	$40 \div 8 =$ _____
$6 \times 8 = 48$	_____	_____	$48 \div 8 =$ _____
$7 \times 8 = 56$	_____	_____	$56 \div 8 =$ _____
$8 \times 8 = 64$	_____	_____	$64 \div 8 =$ _____
$9 \times 8 = 72$	_____	_____	$72 \div 8 =$ _____
$10 \times 8 = 80$	_____	_____	$80 \div 8 =$ _____
$11 \times 8 = 88$	_____	_____	$88 \div 8 =$ _____
$12 \times 8 = 96$	_____	_____	$96 \div 8 =$ _____

Puntuación $= \dfrac{}{12}$ Puntuación $= \dfrac{}{12}$

Tabla de multiplicar del ocho – Práctica

Ejercicio 43

12 x 8 = _____

4 x 8 = _____

9 x 8 = _____

6 x 8 = _____

8 x 8 = _____

10 x 8 = _____

8 x 6 = _____

2 x 8 = _____

0 x 8 = _____

8 x 8 = _____

8 x 12 = _____

8 x 7 = _____

7 x 8 = _____

11 x 8 = _____

8 x 9 = _____

3 x 8 = _____

5 x 8 = _____

8 x1 = _____

8 x 3 = _____

8 x 4 = _____

8 x 10 = _____

8 x 2 = _____

8 x 11 = _____

1 x 8 = _____

8 x 5 = _____

Puntuación = $\frac{}{25}$

Ejercicio 44

4 x 8 = _____

11 x 8 = _____

8 x 7 = _____

6 x 8 = _____

2 x 8 = _____

7 x 8 = _____

5 x 8 = _____

8 x1 = _____

8 x 4 = _____

12 x 8 = _____

8 x 8 = _____

1 x 8 = _____

0 x 8 = _____

8 x 6 = _____

9 x 8 = _____

8. x 8 = _____

8 x 12 = _____

8 x 10 = _____

8 x 11 = _____

10 x 8 = _____

8 x 5 = _____

3 x 8 = _____

8 x 9 = _____

8 x 3 = _____

8 x 2 = _____

Puntuación = $\frac{}{25}$

Ejercicio 45

8 x 3 = _____

2 x 8 = _____

5 x 8 = _____

8 x 10 = _____

8 x 11 = _____

4 x 8 = _____

8 x 8 = _____

8 x 2 = _____

8 x 6 = _____

8 x 9 = _____

10 x 8 = _____

8 x 12 = _____

1 x 8 = _____

7 x 8 = _____

12 x 8 = _____

8 x1 = _____

8 x 8 = _____

8 x 4 = _____

11 x 8 = _____

8 x 7 = _____

6 x 8 = _____

3 x 8 = _____

0 x 8 = _____

8 x 5 = _____

9 x 8 = _____

Puntuación = $\frac{}{25}$

Ejercicio 46

64 ÷ 8 = _____

80 ÷ 8 = _____

32 ÷ 8 = _____

96 ÷ 8 = _____

48 ÷ 8 = _____

40 ÷ 8 = _____

16 ÷ 8 = _____

24 ÷ 8 = _____

56 ÷ 8 = _____

80 ÷ 8 = _____

40 ÷ 8 = _____

96 ÷ 8 = _____

8 ÷ 1 = _____

88 ÷ 8 = _____

32 ÷ 8 = _____

88 ÷ 8 = _____

16 ÷ 8 = _____

72 ÷ 8 = _____

48 ÷ 8 = _____

8 ÷ 8 = _____

64 ÷ 8 = _____

56 ÷ 8 = _____

24 ÷ 8 = _____

8 ÷ 8 = _____

72 ÷ 8 = _____

Puntuación = $\frac{}{25}$

Tabla del nueve – Escribir, tapar, comprobar

La tabla de multiplicar del nueve es una de las más fáciles. Los dígitos de la tabla del nueve suman 9. Para calcular los primeros 10, resta uno al número que estás multiplicando por nueve y coloca el resultado en el lugar de las decenas. Después calcula cuánto necesitarías sumar a ese número para llegar a 9 y esas son tus unidades.

Por ejemplo: $4 \times 9 = ?$ Primero restamos 1 de 4. El resultado (3) son las decenas.
Después calculamos $3 + ? = 9$. $3 + 6 = 9$.   Así, $4 \times 9 = 36$

$1 \times 9 = 9$	_____	_____	$9 \div 9 =$ _____
$2 \times 9 = 18$	_____	_____	$18 \div 9 =$ _____
$3 \times 9 = 27$	_____	_____	$27 \div 9 =$ _____
$4 \times 9 = 36$	_____	_____	$36 \div 9 =$ _____
$5 \times 9 = 45$	_____	_____	$45 \div 9 =$ _____
$6 \times 9 = 54$	_____	_____	$54 \div 9 =$ _____
$7 \times 9 = 63$	_____	_____	$63 \div 9 =$ _____
$8 \times 9 = 72$	_____	_____	$72 \div 9 =$ _____
$9 \times 9 = 81$	_____	_____	$81 \div 9 =$ _____
$10 \times 9 = 90$	_____	_____	$90 \div 9 =$ _____
$11 \times 9 = 99$	_____	_____	$99 \div 9 =$ _____
$12 \times 9 = 108$	_____	_____	$108 \div 9 =$ _____

Puntuación $= \dfrac{}{12}$ Puntuación $= \dfrac{}{12}$

Tabla de multiplicar del nueve – Práctica

Ejercicio 47

9 x 6 = _____

9 x 9 = _____

12 x 9 = _____

9 x 9 = _____

7 x 9 = _____

0 x 9 = _____

9 x 10 = _____

11 x 9 = _____

9 x 1 = _____

5 x 9 = _____

9 x 2 = _____

9 x 12 = _____

9 x 11 = _____

9 x 7 = _____

6 x 9 = _____

1 x 9 = _____

9 x 3 = _____

9 x 8 = _____

4 x 9 = _____

9 x 5 = _____

9 x 4 = _____

10 x 9 = _____

8 x 9 = _____

3 x 9 = _____

2 x 9 = _____

Puntuación = $\frac{}{25}$

Ejercicio 48

9 x 7 = _____

9 x 11 = _____

10 x 9 = _____

12 x 9 = _____

9 x 6 = _____

9 x 9 = _____

7 x 9 = _____

5 x 9 = _____

8 x 9 = _____

6 x 9 = _____

9 x 8 = _____

9 x 5 = _____

9 x 3 = _____

9 x 1 = _____

2 x 9 = _____

9 x 9 = _____

3 x 9 = _____

0 x 9 = _____

9 x 10 = _____

11 x 9 = _____

9 x 2 = _____

4 x 9 = _____

9 x 12 = _____

9 x 4 = _____

1 x 9 = _____

Puntuación = $\frac{}{25}$

Ejercicio 49

10 x 9 = _____

9 x 12 = _____

9 x 9 = _____

6 x 9 = _____

12 x 9 = _____

2 x 9 = _____

4 x 9 = _____

9 x 6 = _____

9 x 4 = _____

9 x 8 = _____

3 x 9 = _____

9 x 2 = _____

9 x 11 = _____

1 x 9 = _____

7 x 9 = _____

9 x 3 = _____

9 x 9 = _____

9 x 7 = _____

9 x 1 = _____

8 x 9 = _____

0 x 9 = _____

9 x 5 = _____

11 x 9 = _____

5 x 9 = _____

9 x 10 = _____

Puntuación = $\frac{}{25}$

Ejercicio 50

54 ÷ 9 = _____

63 ÷ 9 = _____

36 ÷ 9 = _____

18 ÷ 9 = _____

45 ÷ 9 = _____

81 ÷ 9 = _____

45 ÷ 9 = _____

90 ÷ 9 = _____

72 ÷ 9 = _____

36 ÷ 9 = _____

108 ÷ 9 = _____

72 ÷ 9 = _____

9 ÷ 1 = _____

54 ÷ 9 = _____

63 ÷ 9 = _____

99 ÷ 9 = _____

9 ÷ 9 = _____

27 ÷ 9 = _____

9 ÷ 9 = _____

81 ÷ 9 = _____

99 ÷ 9 = _____

18 ÷ 9 = _____

27 ÷ 9 = _____

108 ÷ 9 = _____

90 ÷ 9 = _____

Puntuación = $\frac{}{25}$

Tablas del 7, 8 y 9 – Práctica

Ejercicio 51

5 x 8 = _____
5 x 7 = _____
3 x 9 = _____
2 x 7 = _____
6 x 7 = _____
8 x 7 = _____
7 x 9 = _____
8 x 8 = _____
7 x 8 = _____
10 x 8 = _____
12 x 8 = _____
2 x 8 = _____
6 x 9 = _____
7 x 7 = _____
4 x 9 = _____
2 x 9 = _____
12 x 9 = _____
11 x 8 = _____
1 x 8 = _____
9 x 8 = _____
10 x 7 = _____
3 x 8 = _____
1 x 9 = _____
9 x 7 = _____
11 x 7 = _____

Puntuación $= \frac{}{25}$

Ejercicio 52

4 x 7 = _____
1 x 7 = _____
10 x 9 = _____
4 x 8 = _____
8 x 9 = _____
9 x 9 = _____
6 x 8 = _____
12 x 7 = _____
5 x 9 = _____
11 x 9 = _____
3 x 7 = _____
12 x 7 = _____
4 x 9 = _____
6 x 7 = _____
5 x 8 = _____
4 x 8 = _____
2 x 8 = _____
9 x 7 = _____
9 x 9 = _____
1 x 8 = _____
8 x 8 = _____
7 x 9 = _____
5 x 7 = _____
1 x 9 = _____
2 x 7 = _____

Puntuación $= \frac{}{25}$

Ejercicio 53

10 x 8 = _____
11 x 8 = _____
8 x 9 = _____
3 x 9 = _____
3 x 7 = _____
7 x 8 = _____
11 x 9 = _____
6 x 8 = _____
12 x 9 = _____
9 x 8 = _____
10 x 7 = _____
6 x 9 = _____
1 x 7 = _____
7 x 7 = _____
5 x 9 = _____
11 x 7 = _____
10 x 9 = _____
8 x 7 = _____
12 x 8 = _____
4 x 7 = _____
2 x 9 = _____
3 x 8 = _____
4 x 7 = _____
12 x 9 = _____
7 x 8 = _____

Puntuación $= \frac{}{25}$

Ejercicio 54

77 ÷ 7 = _____
21 ÷ 7 = _____
18 ÷ 9 = _____
42 ÷ 7 = _____
24 ÷ 8 = _____
56 ÷ 7 = _____
99 ÷ 9 = _____
63 ÷ 9 = _____
84 ÷ 7 = _____
27 ÷ 9 = _____
72 ÷ 8 = _____
96 ÷ 8 = _____
32 ÷ 8 = _____
81 ÷ 9 = _____
8 ÷ 8 = _____
14 ÷ 7 = _____
64 ÷ 8 = _____
70 ÷ 7 = _____
40 ÷ 8 = _____
49 ÷ 7 = _____
90 ÷ 9 = _____
63 ÷ 7 = _____
88 ÷ 8 = _____
7 ÷ 7 = _____
108 ÷ 9 = _____

Puntuación $= \frac{}{25}$

Tablas del 7, 8 y 9 – Problemas planteados

<u>Ejercicio 55</u>

1. Orlando tiene 84 cartas de juego. Si las comparte a partes iguales entre sus seis amigos y él mismo, ¿cuántas cartas recibirá cada uno? _____

2. Una botella de un litro de limonada puede llenar 7 vasos. ¿Cuántas botellas hacen falta para llenar 56 vasos? _____

3. La Escuela Primaria Achieve va a representar una obra de teatro escolar. Se elegirá a cuatro niños de cada una de las ocho clases. ¿Cuántos estudiantes estarán en la representación? _____

4. La Escuela Primaria Achieve celebró un acto de entrega de premios. Se entregaron 27 premios a 9 de las clases. De media, ¿cuántos premios fueron entregados a cada clase? _____

5. Lazaro es muy rápido resolviendo preguntas sobre tablas de multiplicar. Si puede resolver 63 preguntas en 9 minutos, ¿cuántas preguntas puede resolver en un minuto? _____

6. A Julian le gusta leer. Para su cumpleaños le regalaron un libro de detectives. Si lee ocho páginas cada día, ¿cuántas páginas leerá en siete días? _____

7. A Jonas le encanta salir a montar en bici. Si puede recorrer nueve millas en una hora, ¿cuántas horas le harán falta para recorrer 45 millas? _____

8. Tres amigos contaron el cambio suelto que tenían para una colecta benéfica. Pedra tenía ocho peniques. Hermina tenía seis veces más que Pedra. ¿Cuánto tenía Hermina? _____

9. Un contenedor contiene seis cajas. Cada caja contiene dos paquetes. ¿Cuántos paquetes hay en ocho contenedores? _____

10. Jacinta e Irene están horneando magdalenas. Un molde para magdalenas puede contener doce magdalenas. Si hornean seis moldes de magdalenas y luego las comparten entre nueve personas, ¿cuántas magdalenas le tocan a cada persona? _____

Puntuación = $\frac{\quad}{10}$

Progreso hasta ahora

Ya casi has terminado. Sólo quedan cuatro datos más que aprender sobre las tablas de multiplicar. ☺

One	Two	Three	Four
1 x 1 = 1	1 x 2 = 2	1 x 3 = 3	1 x 4 = 4
2 x 1 = 2	2 x 2 = 4	2 x 3 = 6	2 x 4 = 8
3 x 1 = 3	3 x 2 = 6	3 x 3 = 9	3 x 4 = 12
4 x 1 = 4	4 x 2 = 8	4 x 3 = 12	4 x 4 = 16
5 x 1 = 5	5 x 2 = 10	5 x 3 = 15	5 x 4 = 20
6 x 1 = 6	6 x 2 = 12	6 x 3 = 18	6 x 4 = 24
7 x 1 = 7	7 x 2 = 14	7 x 3 = 21	7 x 4 = 28
8 x 1 = 8	8 x 2 = 16	8 x 3 = 24	8 x 4 = 32
9 x 1 = 9	9 x 2 = 18	9 x 3 = 27	9 x 4 = 36
10 x 1 = 10	10 x 2 = 20	10 x 3 = 30	10 x 4 = 40
11 x 1 = 11	11 x 2 = 22	11 x 3 = 33	11 x 4 = 44
12 x 1 = 12	12 x 2 = 24	12 x 3 = 36	12 x 4 = 48

Five	Six	Seven	Eight
1 x 5 = 5	1 x 6 = 6	1 x 7 = 7	1 x 8 = 8
2 x 5 = 10	2 x 6 = 12	2 x 7 = 14	2 x 8 = 16
3 x 5 = 15	3 x 6 = 18	3 x 7 = 21	3 x 8 = 24
4 x 5 = 20	4 x 6 = 24	4 x 7 = 28	4 x 8 = 32
5 x 5 = 25	5 x 6 = 30	5 x 7 = 35	5 x 8 = 40
6 x 5 = 30	6 x 6 = 36	6 x 7 = 42	6 x 8 = 48
7 x 5 = 35	7 x 6 = 42	7 x 7 = 49	7 x 8 = 56
8 x 5 = 40	8 x 6 = 48	8 x 7 = 56	8 x 8 = 64
9 x 5 = 45	9 x 6 = 54	9 x 7 = 63	9 x 8 = 72
10 x 5 = 50	10 x 6 = 60	10 x 7 = 70	10 x 8 = 80
11 x 5 = 55	11 x 6 = 66	11 x 7 = 77	11 x 8 = 88
12 x 5 = 60	12 x 6 = 72	12 x 7 = 84	12 x 8 = 96

Nine	Ten	Eleven	Twelve
1 x 9 = 9	1 x 10 = 10	1 x 11 = 11	1 x 12 = 12
2 x 9 = 18	2 x 10 = 20	2 x 11 = 22	2 x 12 = 24
3 x 9 = 27	3 x 10 = 30	3 x 11 = 33	3 x 12 = 36
4 x 9 = 36	4 x 10 = 40	4 x 11 = 44	4 x 12 = 48
5 x 9 = 45	5 x 10 = 50	5 x 11 = 55	5 x 12 = 60
6 x 9 = 54	6 x 10 = 60	6 x 11 = 66	6 x 12 = 72
7 x 9 = 63	7 x 10 = 70	7 x 11 = 77	7 x 12 = 84
8 x 9 = 72	8 x 10 = 80	8 x 11 = 88	8 x 12 = 96
9 x 9 = 81	9 x 10 = 90	9 x 11 = 99	9 x 12 = 108
10 x 9 = 90	10 x 10 = 100	10 x 11 = 110	10 x 12 = 120
11 x 9 = 99	11 x 10 = 110	11 x 11 = 121	11 x 12 = 132
12 x 9 = 108	12 x 10 = 120	12 x 11 = 132	12 x 12 = 144

Pasa página para ver las tablas de multiplicar del siete, ocho y nueve.

Tabla del once – Escribir, tapar, comprobar

Para los nueve primeros elementos de la tabla de multiplicar del once, todo lo que tienes que hacer es coger el número que estás multiplicando y escribirlo dos veces. Por ejemplo, en 7 x 11 = ? el número que estoy multiplicando por el once es el siete, así que escribo el dígito siete dos veces, lo cual da como solución 77. Ya que para multiplicar por diez añado un cero, sólo hay que aprender dos cosas.

1 x 11 = 11	_____	_____	11 ÷ 11= _____
2 x 11 = 22	_____	_____	22 ÷ 11= _____
3 x 11 = 33	_____	_____	33 ÷ 11= _____
4 x 11 = 44	_____	_____	44 ÷ 11= _____
5 x 11 = 55	_____	_____	55 ÷ 11= _____
6 x 11 = 66	_____	_____	66 ÷ 11= _____
7 x 11 = 77	_____	_____	77 ÷ 11= _____
8 x 11 = 88	_____	_____	88 ÷ 11= _____
9 x 11 = 99	_____	_____	99 ÷ 11= _____
10 x 11 = 110	_____	_____	110 ÷ 11= _____
11 x 11 = 121	_____	_____	121 ÷ 11= _____
12 x 11 = 132	_____	_____	132 ÷ 11= _____

Puntuación = $\frac{\quad}{12}$ Puntuación = $\frac{\quad}{12}$

Tabla de multiplicar del once – Práctica

Ejercicio 56

10 x 11 = _____
11 x 2 = _____
8 x 11 = _____
11 x 7 = _____
11 x 11 = _____
11 x 6 = _____
1 x 11 = _____
3 x 11 = _____
12 x 11 = _____
6 x 11 = _____
11 x 5 = _____
11 x1 = _____
2 x 11 = _____
9 x 11 = _____
11 x 8 = _____
4 x 11 = _____
11 x 11 = _____
11 x 10 = _____
7 x 11 = _____
11 x 12 = _____
0 x 11 = _____
5 x 11 = _____
11 x 4 = _____
11 x 9 = _____
11 x 3 = _____

Puntuación = $\frac{\quad}{25}$

Ejercicio 57

11 x 10 = _____
4 x 11 = _____
11 x 12 = _____
8 x 11 = _____
11 x 9 = _____
11 x1 = _____
7 x 11 = _____
11 x 3 = _____
12 x 11 = _____
11 x 6 = _____
11 x 11 = _____
11 x 8 = _____
11 x 7 = _____
1 x 11 = _____
11 x 2 = _____
11 x 4 = _____
6 x 11 = _____
10 x 11 = _____
2 x 11 = _____
3 x 11 = _____
9 x 11 = _____
11 x 5 = _____
5 x 11 = _____
0 x 11 = _____
11 x 11 = _____

Puntuación = $\frac{\quad}{25}$

Ejercicio 58

11 x 2 = _____
11 x 5 = _____
11 x1 = _____
3 x 11 = _____
11 x 12 = _____
11 x 4 = _____
5 x 11 = _____
11 x 6 = _____
11 x 11 = _____
11 x 10 = _____
9 x 11 = _____
11 x 8 = _____
11 x 7 = _____
11 x 11 = _____
11 x 8 = _____
7 x 11 = _____
1 x 11 = _____
4 x 11 = _____
0 x 11 = _____
11 x 3 = _____
12 x 11 = _____
10 x 11 = _____
6 x 11 = _____
2 x 11 = _____
11 x 9 = _____

Puntuación = $\frac{\quad}{25}$

Ejercicio 59

33 ÷ 11 = _____
121 ÷ 11 = _____
132 ÷ 11 = _____
110 ÷ 11 = _____
11 ÷ 11 = _____
11 ÷ 1 = _____
44 ÷ 11 = _____
55 ÷ 11 = _____
77 ÷ 11 = _____
11 ÷ 11 = _____
22 ÷ 11 = _____
66 ÷ 11 = _____
55 ÷ 11 = _____
33 ÷ 11 = _____
22 ÷ 11 = _____
132 ÷ 11 = _____
110 ÷ 11 = _____
66 ÷ 11 = _____
88 ÷ 11 = _____
77 ÷ 11 = _____
44 ÷ 11 = _____
88 ÷ 11 = _____
99 ÷ 11 = _____
121 ÷ 11 = _____
99 ÷ 11 = _____

Puntuación = $\frac{\quad}{25}$

Tabla del doce – Escribir, tapar, comprobar

Ya has aprendido toda esta tabla de multiplicar, excepto el caso de 12 x 12 que es 144.

1 x 12 = 12	_____	_____	$12 \div 12 =$ _____
2 x 12 = 24	_____	_____	$24 \div 12 =$ _____
3 x 12 = 36	_____	_____	$36 \div 12 =$ _____
4 x 12 = 48	_____	_____	$48 \div 12 =$ _____
5 x 12 = 60	_____	_____	$60 \div 12 =$ _____
6 x 12 = 72	_____	_____	$72 \div 12 =$ _____
7 x 12 = 84	_____	_____	$84 \div 12 =$ _____
8 x 12 = 96	_____	_____	$96 \div 12 =$ _____
9 x 12 = 108	_____	_____	$108 \div 12 =$ _____
10 x 12 = 120	_____	_____	$120 \div 12 =$ _____
11 x 12 = 132	_____	_____	$132 \div 12 =$ _____
12 x 12 = 144	_____	_____	$144 \div 12 =$ _____

Puntuación $= \dfrac{}{12}$ Puntuación $= \dfrac{}{12}$

Tabla de multiplicar del doce – Práctica

Ejercicio 60

11 x 12 = _____

9 x 12 = _____

12 x 10 = _____

2 x 12 = _____

6 x 12 = _____

12 x 3 = _____

12 x 2 = _____

10 x 12 = _____

12 x 4 = _____

12 x 8 = _____

12 x 12 = _____

12 x1 = _____

12 x 7 = _____

3 x 12 = _____

12 x 9 = _____

12 x 12 = _____

1 x 12 = _____

7 x 12 = _____

12 x 5 = _____

0 x 12 = _____

12 x 11 = _____

5 x 12 = _____

8 x 12 = _____

12 x 6 = _____

4 x 12 = _____

Puntuación $= \frac{\quad}{25}$

Ejercicio 61

12 x1 = _____

12 x 3 = _____

0 x 12 = _____

5 x 12 = _____

4 x 12 = _____

3 x 12 = _____

12 x 10 = _____

2 x 12 = _____

12 x 12 = _____

6 x 12 = _____

1 x 12 = _____

7 x 12 = _____

9 x 12 = _____

8 x 12 = _____

12 x 12 = _____

12 x 8 = _____

12 x 9 = _____

10 x 12 = _____

12 x 7 = _____

12 x 2 = _____

12 x 11 = _____

12 x1 = _____

12 x 3 = _____

0 x 12 = _____

5 x 12 = _____

Puntuación $= \frac{\quad}{25}$

Ejercicio 62

10 x 12 = _____

4 x 12 = _____

7 x 12 = _____

6 x 12 = _____

12 x 5 = _____

12 x1 = _____

12 x 10 = _____

2 x 12 = _____

0 x 12 = _____

12 x 4 = _____

12 x 11 = _____

8 x 12 = _____

3 x 12 = _____

12 x 7 = _____

12 x 4 = _____

11 x 12 = _____

9 x 12 = _____

1 x 12 = _____

5 x 12 = _____

12 x 6 = _____

12 x 2 = _____

12 x 8 = _____

4 x 12 = _____

7 x 12 = _____

6 x 12 = _____

Puntuación $= \frac{\quad}{25}$

Ejercicio 63

60 ÷ 12 = _____

84 ÷ 12 = _____

72 ÷ 12 = _____

36 ÷ 12 = _____

108 ÷ 12 = _____

84 ÷ 12 = _____

24 ÷ 12 = _____

48 ÷ 12 = _____

120 ÷ 12 = _____

96 ÷ 12 = _____

60 ÷ 12 = _____

12 ÷ 1 = _____

108 ÷ 12 = _____

12 ÷ 12 = _____

96 ÷ 12 = _____

132 ÷ 12 = _____

36 ÷ 12 = _____

144 ÷ 12 = _____

132 ÷ 12 = _____

12 ÷ 12 = _____

48 ÷ 12 = _____

24 ÷ 12 = _____

72 ÷ 12 = _____

144 ÷ 12 = _____

120 ÷ 12 = _____

Puntuación $= \frac{\quad}{25}$

Tablas del 11 y 12 – Práctica

Ejercicio 64

9 x 12 = _____
2 x 11 = _____
6 x 11 = _____
8 x 12 = _____
5 x 11 = _____
3 x 11 = _____
1 x 12 = _____
12 x 11 = _____
7 x 11 = _____
7 x 12 = _____
4 x 11 = _____
5 x 12 = _____
10 x 12 = _____
10 x 11 = _____
11 x 11 = _____
0 x 12 = _____
2 x 12 = _____
3 x 12 = _____
11 x 12 = _____
9 x 11 = _____
6 x 12 = _____
8 x 11 = _____
1 x 11 = _____
12 x 12 = _____
4 x 12 = _____

Puntuación = $\frac{}{25}$

Ejercicio 65

11 x 12 = _____
3 x 11 = _____
7 x 11 = _____
12 x 11 = _____
6 x 12 = _____
8 x 12 = _____
6 x 11 = _____
9 x 11 = _____
2 x 12 = _____
5 x 12 = _____
1 x 12 = _____
7 x 12 = _____
2 x 11 = _____
5 x 11 = _____
10 x 11 = _____
11 x 11 = _____
8 x 11 = _____
12 x 12 = _____
9 x 12 = _____
1 x 11 = _____
3 x 12 = _____
4 x 11 = _____
0 x 12 = _____
4 x 12 = _____
10 x 12 = _____

Puntuación = $\frac{}{25}$

Ejercicio 66

6 x 11 = _____
11 x 12 = _____
10 x 11 = _____
5 x 11 = _____
2 x 12 = _____
3 x 12 = _____
2 x 11 = _____
3 x 11 = _____
9 x 12 = _____
7 x 11 = _____
5 x 12 = _____
1 x 12 = _____
11 x 11 = _____
6 x 12 = _____
8 x 12 = _____
9 x 11 = _____
7 x 12 = _____
10 x 12 = _____
4 x 11 = _____
1 x 11 = _____
0 x 12 = _____
8 x 11 = _____
12 x 11 = _____
4 x 12 = _____
12 x 12 = _____

Puntuación = $\frac{}{25}$

Ejercicio 67

33 ÷ 11 = _____
24 ÷ 12 = _____
120 ÷ 12 = _____
132 ÷ 11 = _____
121 ÷ 11 = _____
88 ÷ 11 = _____
99 ÷ 11 = _____
48 ÷ 12 = _____
11 ÷ 11 = _____
22 ÷ 11 = _____
132 ÷ 12 = _____
144 ÷ 12 = _____
36 ÷ 12 = _____
108 ÷ 12 = _____
72 ÷ 12 = _____
84 ÷ 12 = _____
110 ÷ 11 = _____
12 ÷ 1 = _____
12 ÷ 12 = _____
44 ÷ 11 = _____
60 ÷ 12 = _____
96 ÷ 12 = _____
77 ÷ 11 = _____
55 ÷ 11 = _____
66 ÷ 11 = _____

Puntuación = $\frac{}{25}$

Tablas del 11 y 12 – Problemas planteados

Ejercicio 68

1. Un chef necesita 84 huevos. ¿Cuántas docenas de huevos necesita comprar? (docena = 12)

_____

2. Si Cristos puede coger diez manzanas en un minuto. ¿Cuántas manzanas puede coger en doce minutos?

_____

3. La Escuela Primaria Achieve celebra una feria escolar. Un puesto vende pastelitos por 12 peniques cada uno. ¿Cuánto costarían cuatro pastelitos?

_____

4. La Escuela Primaria Achieve tiene tres equipos de fútbol. Cada equipo tiene once jugadores. Cuando todos los equipos van a un torneo interescolar, ¿cuántos estudiantes faltan a clase debido a que están jugando a fútbol?

_____

5. A Lucila le resulta fácil la tabla de multiplicar del once y puede responder 121 preguntas en 11 minutos. ¿Cuántas preguntas puede responder en un minuto?

_____

6. Enrique tiene 96 chocolatinas para ponerlas en bolsas de fiesta para sus amigos. Si necesita hacer 12 bolsas de fiesta, ¿cuántas chocolatinas pondrá como máximo en cada bolsa? _____

7. Hay 36 estudiantes en la clase de Lorena. Los pasteles de fiesta vienen en paquetes de 12. ¿Cuántos paquetes necesita Lorena para poder dar uno a cada estudiante de su clase? _____

8. Tres amigos cuentan el número de coches que pasan por delante de su cabaña en una hora. Lo hacen 12 veces y obtienen un total de 108. De media, ¿cuántos coches pasaron cada vez? _____

9. Una caja de fresas contiene 12 canastillos. Cada canastillo contiene seis fresas. ¿Cuántas fresas hay en una caja?

_____

10. Un avión tiene 12 filas de asientos en la parte posterior. Cada fila tiene 4 asientos en la sección central y dos a cada lado (junto a la ventana). ¿Cuántos asientos hay en esta sección? _____

Puntuación $= \dfrac{}{10}$

Enhorabuena

Has aprendido todas tus tablas de multiplicar.

One	Two	Three	Four
1 x 1 = 1	1 x 2 = 2	1 x 3 = 3	1 x 4 = 4
2 x 1 = 2	2 x 2 = 4	2 x 3 = 6	2 x 4 = 8
3 x 1 = 3	3 x 2 = 6	3 x 3 = 9	3 x 4 = 12
4 x 1 = 4	4 x 2 = 8	4 x 3 = 12	4 x 4 = 16
5 x 1 = 5	5 x 2 = 10	5 x 3 = 15	5 x 4 = 20
6 x 1 = 6	6 x 2 = 12	6 x 3 = 18	6 x 4 = 24
7 x 1 = 7	7 x 2 = 14	7 x 3 = 21	7 x 4 = 28
8 x 1 = 8	8 x 2 = 16	8 x 3 = 24	8 x 4 = 32
9 x 1 = 9	9 x 2 = 18	9 x 3 = 27	9 x 4 = 36
10 x 1 = 10	10 x 2 = 20	10 x 3 = 30	10 x 4 = 40
11 x 1 = 11	11 x 2 = 22	11 x 3 = 33	11 x 4 = 44
12 x 1 = 12	12 x 2 = 24	12 x 3 = 36	12 x 4 = 48

Five	Six	Seven	Eight
1 x 5 = 5	1 x 6 = 6	1 x 7 = 7	1 x 8 = 8
2 x 5 = 10	2 x 6 = 12	2 x 7 = 14	2 x 8 = 16
3 x 5 = 15	3 x 6 = 18	3 x 7 = 21	3 x 8 = 24
4 x 5 = 20	4 x 6 = 24	4 x 7 = 28	4 x 8 = 32
5 x 5 = 25	5 x 6 = 30	5 x 7 = 35	5 x 8 = 40
6 x 5 = 30	6 x 6 = 36	6 x 7 = 42	6 x 8 = 48
7 x 5 = 35	7 x 6 = 42	7 x 7 = 49	7 x 8 = 56
8 x 5 = 40	8 x 6 = 48	8 x 7 = 56	8 x 8 = 64
9 x 5 = 45	9 x 6 = 54	9 x 7 = 63	9 x 8 = 72
10 x 5 = 50	10 x 6 = 60	10 x 7 = 70	10 x 8 = 80
11 x 5 = 55	11 x 6 = 66	11 x 7 = 77	11 x 8 = 88
12 x 5 = 60	12 x 6 = 72	12 x 7 = 84	12 x 8 = 96

Nine	Ten	Eleven	Twelve
1 x 9 = 9	1 x 10 = 10	1 x 11 = 11	1 x 12 = 12
2 x 9 = 18	2 x 10 = 20	2 x 11 = 22	2 x 12 = 24
3 x 9 = 27	3 x 10 = 30	3 x 11 = 33	3 x 12 = 36
4 x 9 = 36	4 x 10 = 40	4 x 11 = 44	4 x 12 = 48
5 x 9 = 45	5 x 10 = 50	5 x 11 = 55	5 x 12 = 60
6 x 9 = 54	6 x 10 = 60	6 x 11 = 66	6 x 12 = 72
7 x 9 = 63	7 x 10 = 70	7 x 11 = 77	7 x 12 = 84
8 x 9 = 72	8 x 10 = 80	8 x 11 = 88	8 x 12 = 96
9 x 9 = 81	9 x 10 = 90	9 x 11 = 99	9 x 12 = 108
10 x 9 = 90	10 x 10 = 100	10 x 11 = 110	10 x 12 = 120
11 x 9 = 99	11 x 10 = 110	11 x 11 = 121	11 x 12 = 132
12 x 9 = 108	12 x 10 = 120	12 x 11 = 132	12 x 12 = 144

Pasa página para un poco de práctica variada.

Tablas de multiplicar variadas – Práctica

Ejercicio 69

6 x 5 = _____

8 x 2 = _____

10 x 2 = _____

12 x 7 = _____

1 x 5 = _____

2 x 7 = _____

11 x 9 = _____

9 x 8 = _____

12 x 5 = _____

9 x 9 = _____

6 x 12 = _____

12 x 8 = _____

8 x 6 = _____

4 x 12 = _____

11 x 6 = _____

4 x 4 = _____

1 x 7 = _____

2 x 4 = _____

10 x 10 = _____

11 x 10 = _____

9 x 4 = _____

7 x 9 = _____

8 x 8 = _____

7 x 6 = _____

12 x 3 = _____

Puntuación $= \frac{}{25}$

Ejercicio 70

10 x 8 = _____

5 x 10 = _____

5 x 8 = _____

9 x 6 = _____

9 x 3 = _____

4 x 2 = _____

7 x 8 = _____

10 x 3 = _____

8 x 11 = _____

12 x 6 = _____

9 x 7 = _____

1 x 3 = _____

12 x 11 = _____

5 x 4 = _____

3 x 9 = _____

8 x 5 = _____

4 x 5 = _____

5 x 12 = _____

12 x 2 = _____

4 x 9 = _____

4 x 11 = _____

3 x 4 = _____

1 x 10 = _____

1 x 11 = _____

4 x 8 = _____

Puntuación $= \frac{}{25}$

Ejercicio 71

6 x 8 = _____

5 x 2 = _____

3 x 6 = _____

12 x 12 = _____

6 x 3 = _____

5 x 6 = _____

3 x 3 = _____

2 x 12 = _____

10 x 4 = _____

7 x 5 = _____

5 x 7 = _____

3 x 10 = _____

6 x 6 = _____

9 x 10 = _____

3 x 8 = _____

1 x 2 = _____

3 x 5 = _____

11 x 5 = _____

7 x 4 = _____

7 x 10 = _____

1 x 6 = _____

10 x 12 = _____

1 x 8 = _____

7 x 3 = _____

8 x 7 = _____

Puntuación $= \frac{}{25}$

Ejercicio 72

6 x 7 = _____

1 x 12 = _____

11 x 8 = _____

11 x 11 = _____

7 x 7 = _____

5 x 3 = _____

2 x 8 = _____

8 x 3 = _____

11 x 12 = _____

2 x 11 = _____

2 x 3 = _____

3 x 7 = _____

2 x 2 = _____

2 x 5 = _____

8 x 12 = _____

7 x 12 = _____

10 x 11 = _____

12 x 4 = _____

5 x 9 = _____

10 x 9 = _____

4 x 7 = _____

7 x 11 = _____

10 x 6 = _____

4 x 3 = _____

7 x 2 = _____

Puntuación $= \frac{}{25}$

Tablas de multiplicar variadas – División

Ejercicio 73

$12 \div 4 =$ _____

$6 \div 2 =$ _____

$36 \div 4 =$ _____

$54 \div 9 =$ _____

$121 \div 11 =$ _____

$24 \div 12 =$ _____

$8 \div 4 =$ _____

$20 \div 10 =$ _____

$81 \div 9 =$ _____

$21 \div 3 =$ _____

$48 \div 6 =$ _____

$72 \div 12 =$ _____

$50 \div 5 =$ _____

$25 \div 5 =$ _____

$132 \div 12 =$ _____

$96 \div 12 =$ _____

$11 \div 11 =$ _____

$2 \div 2 =$ _____

$120 \div 10 =$ _____

$44 \div 11 =$ _____

$40 \div 8 =$ _____

$4 \div 4 =$ _____

$18 \div 6 =$ _____

$40 \div 4 =$ _____

$24 \div 4 =$ _____

Puntuación $= \frac{}{25}$

Ejercicio 74

$144 \div 12 =$ _____

$22 \div 2 =$ _____

$63 \div 9 =$ _____

$32 \div 8 =$ _____

$10 \div 10 =$ _____

$80 \div 10 =$ _____

$30 \div 3 =$ _____

$110 \div 11 =$ _____

$99 \div 9 =$ _____

$90 \div 9 =$ _____

$70 \div 10 =$ _____

$35 \div 5 =$ _____

$60 \div 6 =$ _____

$24 \div 8 =$ _____

$3 \div 3 =$ _____

$96 \div 8 =$ _____

$88 \div 11 =$ _____

$16 \div 4 =$ _____

$40 \div 5 =$ _____

$88 \div 8 =$ _____

$99 \div 11 =$ _____

$48 \div 12 =$ _____

$36 \div 6 =$ _____

$84 \div 12 =$ _____

$90 \div 10 =$ _____

Puntuación $= \frac{}{25}$

Ejercicio 75

$45 \div 9 =$ _____

$32 \div 4 =$ _____

$54 \div 6 =$ _____

$42 \div 7 =$ _____

$48 \div 4 =$ _____

$50 \div 10 =$ _____

$15 \div 5 =$ _____

$16 \div 2 =$ _____

$72 \div 6 =$ _____

$18 \div 9 =$ _____

$6 \div 6 =$ _____

$66 \div 6 =$ _____

$36 \div 9 =$ _____

$10 \div 2 =$ _____

$22 \div 11 =$ _____

$56 \div 7 =$ _____

$28 \div 7 =$ _____

$70 \div 7 =$ _____

$108 \div 9 =$ _____

$30 \div 6 =$ _____

$36 \div 3 =$ _____

$60 \div 5 =$ _____

$14 \div 7 =$ _____

$80 \div 8 =$ _____

$18 \div 3 =$ _____

Puntuación $= \frac{}{25}$

Ejercicio 76

$48 \div 8 =$ _____

$21 \div 7 =$ _____

$9 \div 3 =$ _____

$72 \div 9 =$ _____

$60 \div 10 =$ _____

$42 \div 6 =$ _____

$20 \div 2 =$ _____

$40 \div 10 =$ _____

$8 \div 8 =$ _____

$7 \div 7 =$ _____

$16 \div 8 =$ _____

$36 \div 12 =$ _____

$12 \div 3 =$ _____

$84 \div 7 =$ _____

$28 \div 4 =$ _____

$110 \div 10 =$ _____

$55 \div 5 =$ _____

$10 \div 5 =$ _____

$49 \div 7 =$ _____

$27 \div 9 =$ _____

$8 \div 2 =$ _____

$24 \div 6 =$ _____

$44 \div 4 =$ _____

$14 \div 2 =$ _____

$72 \div 8 =$ _____

Puntuación $= \frac{}{25}$

Tablas variadas – Problemas planteados

Ejercicio 77

1. Cuatro amigos disfrutan jugando a videojuegos. Uno de los amigos hace una fiesta y todos ellos traen algunos juegos. Si hay 12 juegos en total, ¿cuántos juegos trajo cada amigo de media?_____

2. En 40 minutos tres amigos logran hacer 27 tarjetas. ¿Cuántas tarjetas hizo cada uno de media? _____

3. Eduardo gana 10 £ al mes de su asignación. ¿Cuánto gana en un año? (12 meses) _____

4. A Modesta y Miguel le gusta leer. Ambos leen dos libros cada semana. ¿Cuántos libros leen entre ambos en seis semanas? _____

5. Patricia tarda una semana (7 días) en leer 84 páginas. ¿Cuántas páginas ha leído de media cada día? _____

6. Laura y Sofia construyen cada uno un mueble con cuatro cajones. Cada cajón requiere 12 tornillos. ¿Cuántos tornillos necesitan entre ambos? _____

7. Una bolsa de palomitas contiene 56 granos de palomitas. Si se comparte equitativamente entre ocho personas, ¿cuántos granos de palomitas tocan a cada persona? _____

8. Un rombo tiene cuatro lados iguales. ¿Cuántos lados en total tendrían 6 rombos? _____

9. Hacen falta cuatro personas durante doce minutos para hacer un modelo de avión. ¿Cuánto tiempo se tardaría con seis personas? _____

10. A Alejandro le gusta jugar al baloncesto. Si es capaz de disparar 48 goles en 12 minutos, ¿cuántos goles puede disparar en tres minutos? _____

Puntuación = $\frac{}{10}$

Tablas de multiplicar variadas – Práctica

Ejercicio 78	Ejercicio 79	Ejercicio 80	Ejercicio 81
10 x 8 = _____	2 x 4 = _____	3 x 7 = _____	1 x 8 = _____
9 x 4 = _____	9 x 11 = _____	8 x 4 = _____	9 x 10 = _____
7 x 3 = _____	6 x 11 = _____	7 x 2 = _____	3 x 12 = _____
2 x 3 = _____	7 x 12 = _____	4 x 5 = _____	8 x 12 = _____
6 x 6 = _____	11 x 10 = _____	3 x 10 = _____	4 x 7 = _____
4 x 11 = _____	5 x 11 = _____	2 x 12 = _____	7 x 9 = _____
12 x 2 = _____	8 x 2 = _____	2 x 6 = _____	1 x 11 = _____
11 x 8 = _____	4 x 10 = _____	2 x 11 = _____	9 x 8 = _____
6 x 5 = _____	1 x 4 = _____	12 x 5 = _____	10 x 11 = _____
4 x 6 = _____	9 x 2 = _____	8 x 9 = _____	11 x 2 = _____
4 x 8 = _____	10 x 6 = _____	8 x 5 = _____	6 x 4 = _____
5 x 6 = _____	7 x 6 = _____	7 x 7 = _____	10 x 4 = _____
5 x 10 = _____	4 x 2 = _____	11 x 6 = _____	7 x 4 = _____
11 x 9 = _____	7 x 5 = _____	10 x 3 = _____	1 x 5 = _____
5 x 8 = _____	5 x 3 = _____	12 x 7 = _____	8 x 8 = _____
4 x 12 = _____	9 x 9 = _____	7 x 8 = _____	3 x 9 = _____
3 x 5 = _____	6 x 10 = _____	10 x 10 = _____	9 x 12 = _____
2 x 10 = _____	10 x 12 = _____	5 x 5 = _____	1 x 12 = _____
11 x 4 = _____	3 x 2 = _____	1 x 9 = _____	12 x 4 = _____
9 x 3 = _____	10 x 7 = _____	9 x 6 = _____	8 x 11 = _____
3 x 4 = _____	12 x 10 = _____	5 x 4 = _____	6 x 8 = _____
12 x 12 = _____	5 x 9 = _____	6 x 12 = _____	5 x 7 = _____
8 x 7 = _____	11 x 11 = _____	11 x 7 = _____	10 x 2 = _____
12 x 6 = _____	12 x 8 = _____	1 x 6 = _____	3 x 11 = _____
9 x 7 = _____	11 x 12 = _____	8 x 3 = _____	6 x 3 = _____

Puntuación = $\frac{}{25}$ Puntuación = $\frac{}{25}$ Puntuación = $\frac{}{25}$ Puntuación = $\frac{}{25}$

Tablas de multiplicar variadas – División

Ejercicio 82

$32 \div 4 =$ _____

$8 \div 8 =$ _____

$30 \div 6 =$ _____

$77 \div 7 =$ _____

$4 \div 2 =$ _____

$88 \div 11 =$ _____

$60 \div 6 =$ _____

$56 \div 7 =$ _____

$56 \div 8 =$ _____

$42 \div 6 =$ _____

$10 \div 10 =$ _____

$33 \div 3 =$ _____

$44 \div 11 =$ _____

$25 \div 5 =$ _____

$121 \div 11 =$ _____

$12 \div 4 =$ _____

$10 \div 2 =$ _____

$40 \div 10 =$ _____

$6 \div 2 =$ _____

$108 \div 12 =$ _____

$22 \div 2 =$ _____

$24 \div 12 =$ _____

$84 \div 7 =$ _____

$66 \div 6 =$ _____

$42 \div 7 =$ _____

Puntuación $= \dfrac{}{25}$

Ejercicio 83

$21 \div 7 =$ _____

$96 \div 12 =$ _____

$40 \div 5 =$ _____

$144 \div 12 =$ _____

$110 \div 11 =$ _____

$7 \div 7 =$ _____

$21 \div 3 =$ _____

$48 \div 12 =$ _____

$40 \div 4 =$ _____

$27 \div 3 =$ _____

$54 \div 9 =$ _____

$44 \div 4 =$ _____

$72 \div 12 =$ _____

$72 \div 6 =$ _____

$60 \div 5 =$ _____

$100 \div 10 =$ _____

$45 \div 9 =$ _____

$20 \div 4 =$ _____

$64 \div 8 =$ _____

$18 \div 2 =$ _____

$66 \div 11 =$ _____

$30 \div 3 =$ _____

$18 \div 9 =$ _____

$11 \div 11 =$ _____

$20 \div 5 =$ _____

Puntuación $= \dfrac{}{25}$

Ejercicio 84

$55 \div 5 =$ _____

$16 \div 2 =$ _____

$36 \div 3 =$ _____

$35 \div 5 =$ _____

$15 \div 3 =$ _____

$18 \div 3 =$ _____

$15 \div 5 =$ _____

$24 \div 2 =$ _____

$55 \div 11 =$ _____

$30 \div 10 =$ _____

$88 \div 8 =$ _____

$12 \div 12 =$ _____

$84 \div 12 =$ _____

$48 \div 4 =$ _____

$33 \div 11 =$ _____

$70 \div 10 =$ _____

$3 \div 3 =$ _____

$20 \div 2 =$ _____

$28 \div 4 =$ _____

$36 \div 12 =$ _____

$6 \div 3 =$ _____

$49 \div 7 =$ _____

$40 \div 8 =$ _____

$120 \div 10 =$ _____

$30 \div 5 =$ _____

Puntuación $= \dfrac{}{25}$

Ejercicio 85

$36 \div 6 =$ _____

$9 \div 9 =$ _____

$63 \div 7 =$ _____

$72 \div 8 =$ _____

$6 \div 6 =$ _____

$28 \div 7 =$ _____

$14 \div 7 =$ _____

$132 \div 11 =$ _____

$81 \div 9 =$ _____

$2 \div 2 =$ _____

$8 \div 4 =$ _____

$77 \div 11 =$ _____

$63 \div 9 =$ _____

$12 \div 2 =$ _____

$96 \div 8 =$ _____

$48 \div 6 =$ _____

$90 \div 10 =$ _____

$80 \div 10 =$ _____

$12 \div 6 =$ _____

$5 \div 5 =$ _____

$60 \div 12 =$ _____

$27 \div 9 =$ _____

$14 \div 2 =$ _____

$24 \div 8 =$ _____

$90 \div 9 =$ _____

Puntuación $= \dfrac{}{25}$

Tablas variadas – Problemas planteados

Ejercicio 86

1. Los botones de chocolate cuestan 5 peniques cada uno. ¿Cuánto cuestan 10? _____

2. Tres amigos tienen 24 coches de juguete entre todos. De media, ¿cuántos coches de juguete tiene cada amigo? _____

3. La Escuela Primaria Achieve ha organizado un viaje para sus estudiantes dotados y talentosos. Cuatro niños serán elegidos de cada una de las doce clases. ¿Cuántos estudiantes serán invitados a ir? _____

4. Las manzanas vienen en bolsas de ocho. Una bolsa cuesta 96 peniques. ¿Cuánto costarían dos manzanas? _____

5. Elena hace joyas. Puede hacer un collar en diez minutos. Tiene que hacer cuatro collares. ¿Cuánto tiempo necesitará? _____

6. A Blas le gusta pescar. De media ha conseguido pescar seis peces en una hora. Si se pasó ocho horas pescando, ¿cuántos peces pescó? _____

7. Un coche viaja a una velocidad media de 60 millas por hora. ¿Qué distancia recorre el coche en diez minutos? (hay sesenta minutos en una hora) _____

8. Malita va en bicicleta a la escuela. Su escuela está a 7 millas de su casa.
   ¿Qué distancia recorre yendo y viniendo de la escuela en cinco días? _____

9. Cuando un grupo de amigos combina sus lápices de colorear, obtienen 6 conjuntos de doce lápices. ¿Cuántos lápices tienen entre todos? _____

10. Bonita ha montado una fiesta. Necesita suficiente bebida para llenar 8 copas tres veces. Si una botella de litro llena seis copas, ¿cuántas botellas necesita comprar? _____

Puntuación $= \dfrac{\quad}{10}$

¡Felicidades

Maestro de Tablas de Multiplicar

Soluciones

Ejercicio 1	Ejercicio 3	Ejercicio 5	Ejercicio 7	Ejercicio 9
12	14	25	25	120
18	6	40	5	70
14	16	5	30	80
4	4	15	40	50
8	16	30	45	20
18	10	10	30	100
6	20	30	55	60
0	22	60	20	30
4	18	5	55	70
22	12	15	10	40
6	10	25	60	90
16	8	50	35	10
2	4	20	20	50
12	14	40	50	120
20	20	55	40	100
2	24	20	35	40
14	18	35	15	110
22	8	10	50	60
10	6	55	60	0
20	22	50	10	90
24	24	0	5	10
16	2	45	25	20
10	12	35	0	80
24	2	45	15	110
8	0	60	45	30

Ejercicio 2	Ejercicio 4	Ejercicio 6	Ejercicio 8	Ejercicio 10
16	10	15	5	10
14	7	55	7	30
6	2	25	12	50
24	9	15	11	120
18	6	20	10	30
14	1	30	6	90
6	4	35	2	40
8	11	0	8	50
18	5	25	9	110
10	10	30	6	60
12	4	35	7	20
22	3	20	5	70
20	2	5	8	40
24	8	60	10	70
2	11	10	2	100
0	12	5	1	0
8	8	45	3	10
4	2	45	9	100
10	6	40	4	20
16	5	60	11	80
4	1	50	1	120
22	7	40	12	80
2	9	55	3	60
12	12	10	4	90
20	3	50	5	110

E

Ejercicio 11	Ejercicio 13	Ejercicio 15	Ejercicio 17	Ejercicio 19
20	20	2	7	2
10	35	30	4	5
70	16	12	5	11
80	22	15	9	12
70	50	10	6	5
120	10	22	3	6
100	80	110	12	7
60	20	20	2	9
90	50	60	8	8
110	18	10	7	5
50	40	25	8	4
50	4	10	5	12
60	40	24	12	8
110	120	55	10	10
100	55	60	11	7
20	14	90	10	3
40	100	4	4	2
30	6	5	11	1
90	60	8	2	3
120	70	16	1	12
40	45	35	8	9
80	30	6	6	9
30	25	50	3	10
10	24	14	4	11
0	10	18	7	1

Ejercicio 12	Ejercicio 14	Ejercicio 16	Ejercicio 18	Ejercicio 20
8	110	10	6	7
5	2	14	9	11
12	8	30	3	6
10	15	40	8	8
12	12	100	10	10
1	10	10	10	6
9	20	24	1	4
2	90	70	1	4
10	30	12	9	3
3	60	30	6	2
6	5	20	4	1
5	120	20	3	11
4	30	60	3	10
8	18	8	8	2
4	50	10	7	12
6	40	2	1	4
7	20	50	11	9
2	70	120	2	3
9	20	25	7	6
3	45	6	12	7
8	50	40	2	3
5	14	20	4	1
12	40	50	10	9
10	80	5	11	8
12	100	15	12	5

Ejercicio 21	Ejercicio 23	Ejercicio 25	Ejercicio 27	Ejercicio 29
20	21	6	20	1
24	3	3	36	9
35	6	7	8	6
9	9	11	48	4
16	15	12	12	11
15	33	2	44	4
5	18	4	8	12
90p	12	8	40	7
55p	36	7	16	5
5p	30	5	4	2
	12	11	32	8
	24	1	28	2
	30	12	24	8
	24	6	32	7
	36	1	12	3
	33	10	20	10
	27	8	44	12
	3	9	4	1
	9	4	28	3
	6	2	40	11
	18	3	0	4
	21	9	48	6
	0	3	24	5
	15	10	16	9
	27	5	36	10

Ejercicio 22	Ejercicio 24	Ejercicio 26	Ejercicio 28	Ejercicio 30
0	30	36	40	48
18	33	8	24	6
9	9	4	36	66
6	15	36	16	30
30	36	24	36	60
9	30	12	24	24
27	27	44	12	66
3	3	24	0	36
33	33	28	20	12
36	24	28	32	54
3	24	4	28	6
15	27	32	8	48
18	15	8	28	60
33	0	20	20	30
12	6	40	12	72
21	36	32	40	18
15	21	44	8	24
6	9	16	44	18
24	12	48	4	42
27	21	40	44	54
36	3	16	16	36
21	6	20	48	42
12	18	12	48	72
30	12	0	4	0
24	18	48	32	12

Ejercicio 31	Ejercicio 33	Ejercicio 35	Ejercicio 37	Ejercicio 39
36	8	15	3	42
48	11	72	11	35
6	7	24	9	70
42	1	36	5	49
6	10	36	2	28
0	6	48	10	63
66	5	16	4	0
72	9	4	1	77
42	6	66	9	7
66	3	6	2	35
60	11	40	3	42
24	4	8	11	14
12	2	44	10	56
36	5	12	8	84
30	9	33	8	28
54	12	4	6	70
60	1	32	5	21
54	7	24	1	7
24	2	30	12	77
30	12	36	10	56
72	10	3	7	63
18	3	24	9	84
48	4	28	4	14
12	8	12	8	21
18	6	18	3	49

Ejercicio 32	Ejercicio 34	Ejercicio 36	Ejercicio 38	Ejercicio 40
48	24	60	£24	14
18	8	18	8	63
54	6	36	18	21
60	9	15	9	7
72	24	21	12	35
60	54	16	32	35
42	27	36	5	56
66	18	12	42	28
24	44	9	72	70
36	28	30	8	21
18	33	42		77
6	36	6		42
6	30	48		84
30	12	24		28
72	42	20		7
12	30	48		70
12	21	40		84
0	3	6		49
42	12	66		56
30	18	54		77
66	48	27		49
36	60	72		63
24	12	42		14
54	32	44		0
48	20	48		42

Ejercicio 41	Ejercicio 43	Ejercicio 45	Ejercicio 47	Ejercicio 49
70	96	24	54	90
49	32	16	81	108
35	72	40	108	81
21	48	80	81	54
42	64	88	63	108
35	80	32	0	18
7	48	64	90	36
14	16	16	99	54
0	0	48	9	36
63	64	72	45	72
14	96	80	18	27
84	56	96	108	18
28	56	8	99	99
70	88	56	63	9
28	72	96	54	63
49	24	8	9	27
56	40	64	27	81
42	8	32	72	63
21	24	88	36	9
84	32	56	45	72
7	80	48	36	0
77	16	24	90	45
63	88	0	72	99
56	8	40	27	45
77	40	72	18	90

Ejercicio 42	Ejercicio 44	Ejercicio 46	Ejercicio 48	Ejercicio 50
4	32	8	63	6
8	88	10	99	7
3	56	4	90	4
10	48	12	108	2
8	16	6	54	5
5	56	5	81	9
1	40	2	63	5
11	8	3	45	10
3	32	7	72	8
10	96	10	54	4
7	64	5	72	12
9	8	12	45	8
11	0	8	27	9
6	48	11	9	6
2	72	4	18	7
7	64	11	81	11
12	96	2	27	1
5	80	9	0	3
1	88	6	90	1
12	80	1	99	9
6	40	8	18	11
4	24	7	36	2
7	72	3	108	3
2	24	1	36	12
9	16	9	9	10

Ejercicio 51	Ejercicio 53	Ejercicio 55	Ejercicio 57	Ejercicio 59
40	80	12	110	3
35	88	8	44	11
27	72	32	132	12
14	27	3	88	10
42	21	7	99	1
56	56	56	11	11
63	99	5	77	4
64	48	48p	33	5
56	108	96	132	7
80	72	8	66	1
96	70		121	2
16	54		88	6
54	7		77	5
49	49		11	3
36	45		22	2
18	77		44	12
108	90		66	10
88	56		110	6
8	96		22	8
72	28		33	7
70	18		99	4
24	24		55	8
9	28		55	9
63	108		0	11
77	56		121	9

Ejercicio 52	Ejercicio 54	Ejercicio 56	Ejercicio 58	Ejercicio 60
28	11	110	22	132
7	3	22	55	108
90	2	88	11	120
32	6	77	33	24
72	3	121	132	72
81	8	66	44	36
48	11	11	55	24
84	7	33	66	120
45	12	132	121	48
99	3	66	110	96
21	9	55	99	144
84	12	11	88	12
36	4	22	77	84
42	9	99	121	36
40	1	88	88	108
32	2	44	77	144
16	8	121	11	12
63	10	110	44	84
81	5	77	0	60
8	7	132	33	0
64	10	0	132	132
63	9	55	110	60
35	11	44	66	96
9	1	99	22	72
14	12	33	99	48

Ejercicio 61	Ejercicio 63	Ejercicio 65	Ejercicio 67	Ejercicio 69
7	5	132	3	30
4	7	33	2	16
5	6	77	10	20
9	3	132	12	84
6	9	72	11	5
3	7	96	8	14
12	2	66	9	99
2	4	99	4	72
8	10	24	1	60
7	8	60	2	81
8	5	12	11	72
5	12	84	12	96
12	9	22	3	48
10	1	55	9	48
11	8	110	6	66
10	11	121	7	16
4	3	88	10	7
11	12	144	12	8
2	11	108	1	100
1	1	11	4	110
8	4	36	5	36
6	2	44	8	63
3	6	0	7	64
4	12	48	5	42
7	10	120	6	36

Ejercicio 62	Ejercicio 64	Ejercicio 66	Ejercicio 68	Ejercicio 70
120	108	66	7	80
48	22	132	120	50
84	66	110	48p	40
72	96	55	33	54
60	55	24	11	27
12	33	36	8	8
120	12	22	3	56
24	132	33	9	30
0	77	108	72	88
48	84	77	96	72
132	44	60		63
96	60	12		3
36	120	121		132
84	110	72		20
48	121	96		27
132	0	99		40
108	24	84		20
12	36	120		60
60	132	44		24
72	99	11		36
24	72	0		44
96	88	88		12
48	11	132		10
84	144	48		11
72	48	144		32

Ejercicio 71	Ejercicio 73	Ejercicio 75	Ejercicio 77	Ejercicio 79
48	3	5	3	8
10	3	8	9	99
18	9	9	£120	66
144	6	6	24	84
18	11	12	12	110
30	2	5	96	55
9	2	3	7	16
24	2	8	24	40
40	9	12	8 min	4
35	7	2	12	18
35	8	1		60
30	6	11		42
36	10	4		8
90	5	5		35
24	11	2		15
2	8	8		81
15	1	4		60
55	1	10		120
28	12	12		6
70	4	5		70
6	5	12		120
120	1	12		45
8	3	2		121
21	10	10		96
56	6	6		132

Ejercicio 72	Ejercicio 74	Ejercicio 76	Ejercicio 78	Ejercicio 80
42	12	6	80	21
12	11	3	36	32
88	7	3	21	14
121	4	8	6	20
49	1	6	36	30
15	8	7	44	24
16	10	10	24	12
24	10	4	88	22
132	11	1	30	60
22	10	1	24	72
6	7	2	32	40
21	7	3	30	49
4	10	4	50	66
10	3	12	99	30
96	1	7	40	84
84	12	11	48	56
110	8	11	15	100
48	4	2	20	25
45	8	7	44	9
90	11	3	27	54
28	9	4	12	20
77	4	4	144	72
60	6	11	56	77
12	7	7	72	6
14	9	9	63	24

Ejercicio 81	Ejercicio 83	Ejercicio 85	Ejercicio 86
8	3	6	50p
90	8	1	8
36	8	9	48
96	12	9	24p
28	10	1	40 min
63	1	4	48
11	7	2	10 miles
72	4	12	70 miles
110	10	9	72
22	9	1	4
24	6	2	
40	11	7	
28	6	7	
5	12	6	
64	12	12	
27	10	8	
108	5	9	
12	5	8	
48	8	2	
88	9	1	
48	6	5	
35	10	3	
20	2	7	
33	1	3	
18	4	10	

Ejercicio 82	Ejercicio 84
8	11
1	8
5	12
11	7
2	5
8	6
10	3
8	12
7	5
7	3
1	11
11	1
4	7
5	12
11	3
3	7
5	1
4	10
3	7
9	3
11	2
2	7
12	5
11	12
6	6